# 黄店镇志

郑州市名镇志文化工程

郑州市地方史志编纂委员会　主办
郑州市地方史志办公室　编著

中国水利水电出版社
www.waterpub.com.cn
·北京·

图书在版编目（CIP）数据

黄店镇志 / 郑州市地方史志办公室编著. -- 北京 : 中国水利水电出版社, 2022.12
郑州市名镇志文化工程
ISBN 978-7-5226-1643-8

Ⅰ. ①黄… Ⅱ. ①郑… Ⅲ. ①乡镇－地方志－郑州 Ⅳ. ①K296.15

中国国家版本馆CIP数据核字(2023)第133735号

审图号：豫郑中牟S〔2022〕001号
选题策划：马爱梅　宋建娜　李慧君
责任编辑：李慧君　杨春霞

书籍设计：李菲　田雨秾　龚煜

| | |
|---|---|
| | 郑州市名镇志文化工程 |
| 书　名 | 黄店镇志 |
| | HUANGDIAN ZHEN ZHI |
| 作　者 | 郑州市地方史志办公室　编著 |
| 出版发行 | 中国水利水电出版社 |
| | (北京市海淀区玉渊潭南路1号D座　100038) |
| | 网址: www.waterpub.com.cn |
| | E-mail: sales@mwr.gov.cn |
| | 电话: (010) 68545888 (营销中心) |
| 经　售 | 北京科水图书销售有限公司 |
| | 电话: (010) 68545874、63202643 |
| | 全国各地新华书店和相关出版物销售网点 |
| 排　版 | 北京金五环出版服务有限公司 |
| 印　刷 | 北京天工印刷有限公司 |
| 规　格 | 184mm×260mm　16开本　15印张　275千字 |
| 版　次 | 2022年12月第1版　2022年12月第1次印刷 |
| 定　价 | 128.00元 |

凡购买我社图书，如有缺页、倒页、脱页的，本社营销中心负责调换

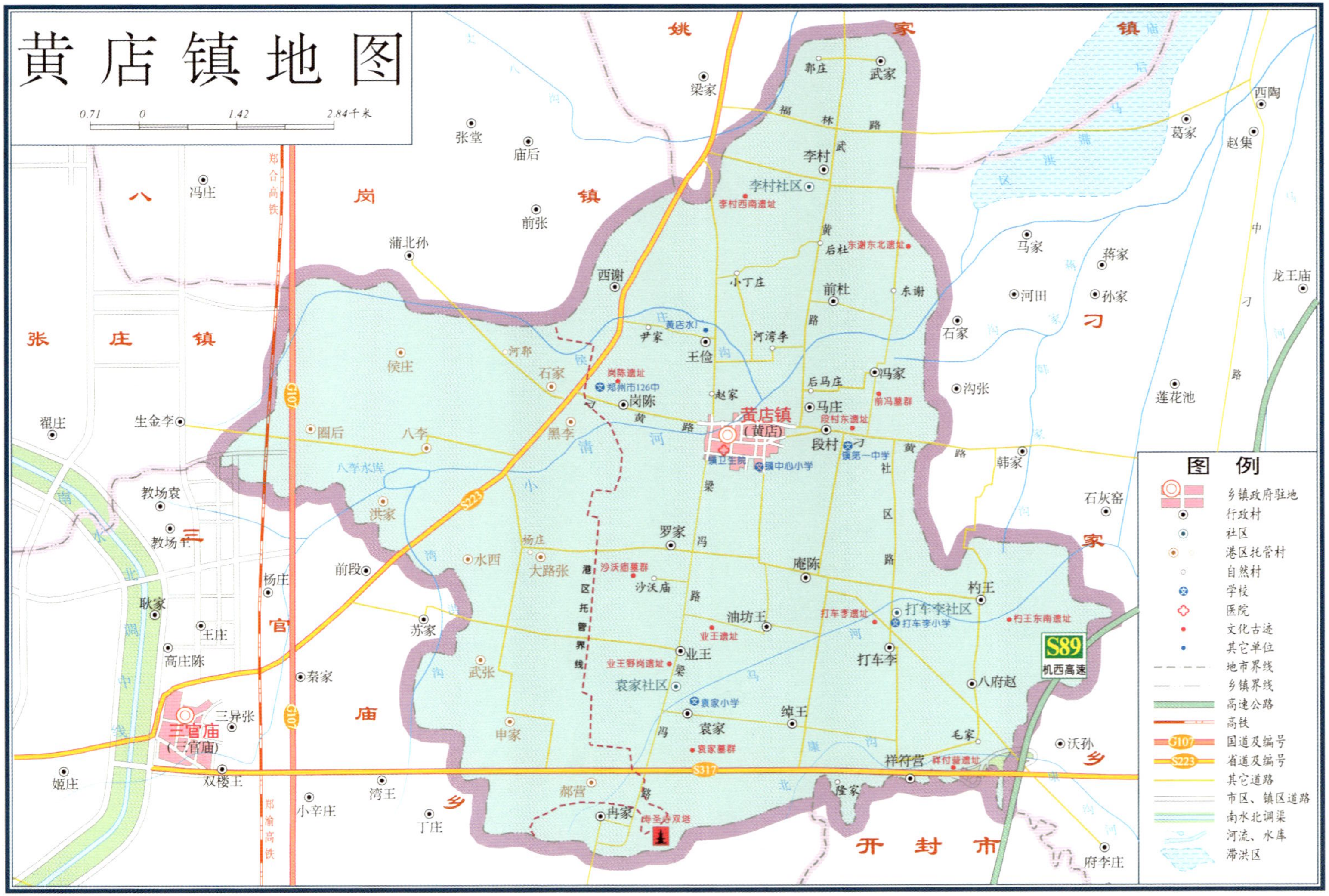


（注：图内行政界线为权宜画法，界线不作为实际划界依据）

镇区全景　马健 摄

寿圣寺双塔　王海萍　供图

田园黄店　马健 摄

安罗高速穿境而过　马健 摄

设施农业　马健 摄

# 郑州市名镇志、名村志、名街志编纂委员会

**主　　任** 虎　强

**副 主 任** 朱　军

**委　　员**（按姓氏笔画排序）

王丹东　王淑慧　付　赟　冯凌义　刘　宁　李新建

张　超　张　超　郑向阳　赵敏祥　贾　昊　黄卫红

梁豫生　景晓明

**主　　编** 朱　军

**副 主 编** 王丹东

**编　　委**（按姓氏笔画排序）

王东亮　王西林　王佰顺　王海燕　冉　宁　刘　伟

刘　琴　刘华东　李　磊　武丽娜　袁玉强　贾　佳

**编　　辑** 刘　恒　李　靖　王　丹

**学术顾问**（按姓氏笔画排序）

丁　昆　王保国　刘　杰　安海蓉　孙英民　李仁清

李运江　李伯谦　张　永　张　霆　张绍宇　杭　侃

郑东军　封曙光　胡惠林　顾　华　徐建勋　阎铁成

韩国河　魏　剑

# 《黄店镇志》编纂委员会

# 序

2022年是党的二十大胜利召开之年，郑州市地方史志办公室（以下简称“市史志办”）坚持以习近平新时代中国特色社会主义思想为指导，深入学习贯彻党的二十大精神，在中国地方志指导小组办公室、中共河南省委党史和地方史志研究室的指导支持下，按照市委全会部署和政府工作报告安排，充分发掘、放大、展示郑州历史文化资源禀赋和特质、气质，扎实落实《郑州兴文化工程文化研究计划实施方案》，以郑州市名镇志、名村志、名街志文化工程和地方史研究为抓手，围绕郑州当代发展研究、郑州文化名人研究、郑州城市文化史研究、郑州重要时期的重大事件研究、郑州重要历史文献典籍研究、郑州重要历史文化遗存研究、郑州红色文化研究开展工作，相继完成了39部乡镇志、街道志和村志的编纂出版工作。市史志办充分发挥存史资政育人职能，积极探索基层志书编纂体制机制创新的有效途径，努力打造精品佳志，推动新时代方志工作高质量发展，主要做法是：

坚持正确导向，突出时代主题。市史志办在乡镇志、街道志、村志编纂中，力求全面、客观反映党史、新中国史、改革开放史、社会主义发展史在郑州的辉煌业绩，记录郑州从一座古老的城市发展成为国家中心城市的历史进程，阐释中华文明、中原文化在郑州这座城市的文明形态起源、嬗变和现代转型历程。聚焦黄河文化、商都文化、黄帝文化、河洛文化、嵩山文化和二七精神等重要的城市文化名片，市史志办组织编纂了管城区《东大街街道志》《西大街街道志》《城东路街道志》，二七区《德化街道志》，金水区《杜岭街道志》，上街区《峡窝镇志》《方顶村志》，巩义市《回郭镇志》《大峪沟镇志》《康店镇志》《河洛镇志》《站街镇志》《小关镇志》《米河镇志》《涉村镇志》《海上桥村志》，新郑市《孟庄镇志》《新建路街道志》，荥阳市《汜水镇志》《王村镇志》，惠济区《古荥镇志》《花园口镇志》，中牟县《雁鸣湖镇志》《黄店镇志》，新密市《刘寨镇志》，登封市《告成镇志》《中岳庙社区志》等基层志书。市史志办尝试从方志学的角度描述、分析这些文化的历史演进，宏大叙事与微观剖析并重，讲述方志故事，凝聚城市精神，发现并彰显这些深藏在街道社区、乡村田野里的城市文化根脉。

坚持质量标准，规范编纂流程。我们认真贯彻落实《郑州市地方志工作规定》要求，明确各级地方志工作机构与编纂单位分工负责，针对每部志稿都成立了专门编纂机构，专班推进，形成了一级抓一级、层层抓落实，踏石留印、抓铁有痕的工作格局。遵循地方史志工作的基本原则，把质量视作名镇名街名村志编纂的生命线，对每部志书严把政治观、史实关、体例关、文字关、出版关和印刷关。为提高编纂专业水平，市史志办邀请中国地方志指导小组办公室、中共河南省委党史和地方史志研究室指导工作，并与国内知名高校合作，采取集中培训、案例教学等形式，面向修志业务人员，结合实际答疑解惑，较好地统一了修志原则和基本规范。同时，市史志办与中国水利水电出版社紧密协作，按照中国名镇志、名村志文化工程的质量标准，开展全方位深度合作，搭建专业服务平台，合力推进精品工程建设。

拓展方志视野，创新编纂方式。市史志办积极适应进入“读图时代”的现代读者需求，在锤炼文字表达的同时，特别突出了“图像存史”的作用。市史志办与河南省美术家协会合作，组织一批在省内乃至全国有影响的优秀画家，深入基层开展采风创作，用画笔描绘郑州美丽乡村和城市现代街区风貌。市史志办要求编纂单位注意对优秀美术作品的资料收集，如巩义籍著名画家陈天然、徐小龙等长年扎根农村基层，创作出一批表现浓郁乡土风情的优秀美术作品，许多作品收入相关志书，成为熠熠生辉的亮点。中共郑州市委宣传部外宣办，河南日报新闻图片有限公司，郑州日报社及市、区县（市）摄影家协会等单位和许多优秀、敬业的摄影家，为市史志办提供、创作了大批精彩的摄影作品，与志书篇章结构和语言文字同步配合，形成了一个全新的图像叙事语言体系。这已不是简单的配图、插图、图文并茂，而是把图像证史、存史放在了编纂方式创新的维度上来考量其价值与意义。

提高学术品质，丰富志书内涵。市史志办借鉴人文地理学和社会学的调查研究方法，在中原区委、区政府的支持下，组织编纂了该区《西流湖街道志》《中原西路街道志》《桐柏路街道志》《三官庙街道志》《棉纺路街道志》《绿东村街道志》《林山寨街道志》《汝河路街道志》《航海西路街道志》《须水街道志》《秦岭路街道志》《建设路街道志》12部街道志，对一个行政建置区域的政治、经济、文化、社会、生态建设状况，特别对自中华人民共和国成立以来各个历史时期的发展做了全方位的较完整记述。这些街道志组成了一个美丽的“方志拼图”，从中可以清晰地看到中原区从一个传统的城郊农业区，在中华人民共和国成立初期形成郑州市的市级行政中心、文化中心和现代工业区，改革开放以来经过国企改革的华丽“蝶变”转型升级为现代化宜居宜业新城区的时空轨迹。市史志办与郑州大学建筑学院合作，开展传统村落与民居保护和城市街区建筑文化专项调查，形成了一批研究成果并在编纂中予以重点展示。郑州市是中华文明探源工程、夏商周断代工程等考古研究的重点区域，拥有世界文化遗产登封“天地之中”历史建筑群和诸多国家重点文物保护单位，各类历史文化遗迹俯拾即是。在文物部门的大力支持下，市史志办在相关志书编纂中，注意收录考古最新发现及研究成果，以丰富志书编纂的文化内涵。

坚持统筹规划，分层扎实推进。市史志办坚持依法治志的基本原则，依法推进各项编纂组织管理工作。一是建章立制，科学管理。结合编纂实际，理顺管理体制和运行机制，明确了市、县、乡、村在志书编纂中的各级权责，分级负责与属地管理有机结合，最大限度地形成合力、统筹推进。市史志办把这项工作作为一项硬任务，年初及时向市委市政府报告列入年度工作计划、财政预算，并与各区县（市）协商制订工作计划，按节点有序推进。二是统一规划，明确目标。市史志办要求各区县（市）本着精品至上、宁缺毋滥的原则确定选题规划，突出“名”和“特”，建立编纂项目库，集中力量，抓出精品，锻炼队伍，探索经验。三是分类指导，有的放矢。根据各区县（市）申报的选题计划，市史志办进行实地考察和逐一分析，建立选题库。在整体过程中，实施有效的分类管理，进度服从质量，不搞“一刀切”，因地制宜，精准发力，推动这项工作积极稳妥、健康有序开展。四是重点突破，严把关口。市史志办以出版为时间节点，倒排工期，提出每部志书要认真把好四个关口：首先，每部志书的承编单位要严格按照既定的编纂体例完成初稿，做到篇目完整、材料充分。其次，各区县（市）史志工作机构要组织相关部门召开评审会，重点把好政治关、史实关，确保在民族、宗教、保密等重大问题上不出偏差，在内容材料上客观真实、准确无误。第三，由市史志办协同组织出版社、承编单位和专家学者，对稿件进行集中修改审定，群策群力，解决每部志书在内容、体例、语言等方面存在的问题，基本完成定稿。第四，出版社按照所签订的合作协议，编辑出版关口前移，签订协议后，提前介入每部志书的具体编纂指导、审定等工作，确保出版进度和质量。

坚持深入调研，解决实际问题。在地方志事业转型升级创新发展的进程中，转变思想观念、转变发展方式是全面的、深层次的变革。在推进郑州市名镇志、名村志、名街志文化工程工作中，市史志办深感地方志工作“一纳入、八到位”不能仅停留在一般性的“纳入”和“到位”上，应该以问题为导向，深入调查研究，切实解决党委政府重视支持、人力财力保障等基层反映强烈的实际问题。一是积极争取各级党委政府支持。名镇志、名街志、名村志的编纂主体是市县乡各级党委政府及其地方史志管理工作机构，是“官修”而非私修。因此，编纂名镇志、名街志、名村志是在各级党委政府领导和支持下，由各级地方史志工作机构负责牵头组织开展的。市史志办在调研中深刻体会到，名镇志、名街志、名村志的编纂过程既是一个部门的业务推进，也是向各级党委政府汇报地方史志工作转型升级创新发展的形势任务和争取更大支持、解决实际问题的工作契机。二是切实解决好钱从哪里来。郑州市名镇志、名村志、名街志文化工程是郑州市组织推进的一项重点文化项目，市史志办明确不向乡镇村基层摊派经费增加负担，按照财政分级管理的原则，积极向市政府和财政部门争取项目专项资金，解决编纂出版印刷等各项工作中的费用。各区县（市）负责组织编纂志书初稿的费用，经郑州市地方史志办公室审定、出版社认可达到编辑出版要求，之后的费用由郑州市地方史志办公室负责申请市财政审核拨付。对名镇志、名街志、名村志编纂出版试行项目化资金管理，明确资金来源，严格预算管理，有助于形成一级抓一级、层层抓落实的长效工作机制。三是形成合力众手成志。将名镇志、名街志、名村志打造成为堪存堪鉴的精品志书，仅靠现有的史志工作机构是难以实现的。目前，我们面临的困难是多方面的，既有青黄不接、人才短缺，也有研究不足、经验匮乏。一些社会力量参与到基层志书、年鉴的编纂工作中，存在着政治站位不高、政策把握不准、水平参差不齐等问题。但是，市史志办在调研中也看到，社会各界对参与编修名镇志、名街志、名村志有较高的积极性、主动性，许多基层村镇、街道表示愿意借助这项工作打造文化品牌，推动当地经济社会发展。因此，在今后编纂工作中，要坚持从凝聚共识入手，着力形成团结一致、高效运转的强大合力，构建优势互补、复合型、专业化的新型协作体系。

以上是市史志办在郑州市名镇志、名村志、名街志文化工程中的一些尝试，不足之处敬请批评指正，以便在今后工作中认真加以改进。

郑州市地方史志办公室

2022 年 11 月

# 凡例

一、指导思想　以马克思列宁主义、毛泽东思想、邓小平理论、“三个代表”重要思想、科学发展观、习近平新时代中国特色社会主义思想为指导，坚持辩证唯物主义和历史唯物主义的立场、观点和方法，存真求实，全面、客观、系统记述中国名镇城镇化进程和改革开放成果，传承和抢救乡土历史文化，激发爱国爱乡情怀，留住乡愁，为探索中国特色新型城镇化建设、服务乡村振兴战略提供历史智慧和现实借鉴。

二、质量要求　参照中国地方志指导小组印发的《地方志书质量规定》执行。在坚持志体的前提下，体裁运用、篇目设置、资料选择等作适当创新。内容以记载镇域范围内的微观资料为主，详市县志之所略。根据不同类型名镇的特点，记述域内自然、政治、经济、文化、社会的历史与现状，重在突出当地“名”与“特”的内涵，从而达到执简驭繁、文约事丰、易于阅读、利于普及的目的。

三、时间断限　为全面反映入志事物发展脉络，各志上限追溯至事物发端，下限一般断至各镇志启动编修年份，个别重大事项可延至搁笔。详今明古，着重反映时代特色和地方特点，重点体现各镇的“名”与“特”。

四、记述范围　记述地域范围以下限年份的行政辖区为主。为体现名镇在更大区域内的意义，可以从更开阔的区域视野记述与该镇相关的内容。

五、总体结构　统一采用纲目体，设类目、分目、条目三个层次。横排门类，纵述史实。所设类目除《中国名镇志丛书基本篇目》要求的必设内容外，个别事项根据本镇实际情况适当作升格或降格处理。

六、体裁形式　综合运用述、记、志、传、图、表、录等各种体裁，以志体为主。体裁运用适当创新，篇目设置不求面面俱到，一般意义上的乡镇级内容可简略记述。

七、语言文体　除引用文字和附录文献资料外，统一使用规范的现代语体文记述，行文力求朴实、严谨、简洁、流畅，具有较强可读性。

八、人物载录　人物类目设人物传略、名人与 × × 镇、人物表录等分目。人物传略遵循“生不立传”原则，选录对本镇发展有重大影响者，按生年排序。名人与 × × 镇记述在政治、经济、文化、社会等方面有重大影响的著名人物（政治家、艺术家等）在本镇的活动历史片段。同时，在其他类目中采用以事系人的方式介绍人物。

九、图照表格　志中随文配图，图下设文字说明，图文并茂。表格统一编排序号。

十、数据　各项数据一般采用国家统计部门数据。数据缺乏的，采用主管部门或主办单位正式提供的数据。

十一、计量单位　采用国务院 1984 年 2 月发布的中华人民共和国法定计量单位。历史上使用的计量单位，如斗、石、里、尺、磅、华氏度等，在引文时照录，并以类目为单位首次出现时应加注。

十二、纪年　中华民国成立前的纪年，使用朝代年号纪年，括注公元年份；中华民国成立后的纪年，均使用公元纪年。志中所称“解放前（后）”，以该镇解放日为界；“新中国成立前（后）”，以中华人民共和国成立日 1949 年 10 月 1 日为界；“改革开放前（后）”，以 1978 年 12 月中共十一届三中全会召开为界。“× × 年代”，凡未加世纪者，均指 20 世纪。

十三、称谓　记事概以第三人称记述。人名直书其姓名，必要时冠以职务职称。地名以现行标准地名为准。如使用历史地名，于首次出现时括注现行地名。各个历史时期的党派、团体、组织、机构、职务等均以当时名称为准。对于称谓过长而又频繁使用者，于首次出现时使用全称并同时括注简称，之后使用简称。

十四、数字、标点　遵循国家标准和出版规定，志中数字书写以 GB/T 15835—2011《出版物上数字用法》为准，使用标点符号以 GB/T 15834—2011《标点符号用法》为准。

十五、注释　行文中的注释，一律采用页下注；附载文章于篇后注明资料来源。

十六、本凡例对于各镇志编纂中的未尽事宜，在“编纂始末”中予以说明。

# 目　录

# 古镇新颜　田园黄店

LOCAL RECORDS OF HUANGDIAN

# 一

黄店镇位于中牟县南部，东邻刁家乡，南邻郑州航空港区清河办事处，西邻郑州航空港区八岗办事处，北邻姚家镇，面积 55 平方千米，辖 21 个行政村，人口 3.2 万余人。

黄店历史源远流长，根据境内业王遗址考古发现，早在新石器时代裴李岗文化时期，已有人类在此居住生活，开始制造、使用石器和陶器，驯养家畜，栽培五谷。此后历代均有居民在此繁衍生息。

商周时期，辖区居住人口稀少，以后人口逐渐增多。从业王村、祥付营村、打车李村、李村、杓王村、东谢村等村发现的遗址内，出土了大量商周时期的文物。根据采集标本和出土物分析，当时的手工业有了相当的进步和发展，居民生产、生活器具用品不断增多，纹饰日渐美观，先民用双手和智慧创造出了丰富多彩的农耕文化。

唐宋时期，社会相对稳定，辖区内有多姓氏的居民居住生活。随着农业生产的进步，每年的农历新年、元宵节、小满节等时间，冉家、袁家、岗陈等村都会举办庙会，其间，十里八乡的群众赶会、游玩、看双塔，同时买农用物资、走亲访友。

业王遗址裴李岗时期遗物　中牟县文物保护管理所供图

元朝末期，战争频繁，加之灾害频生，辖区人口锐减，民不聊生。

明清时期，辖区有山西移民前来安家定居，加之外迁农户返回，人口不断增加，商贸逐渐发达，成为中牟八大商贸名镇之一。《河南省中牟县地名志》记载：黄店位于中牟县城南 19 千米小清河南岸，相传唐代黄姓在陈州和郑州古道旁开店成村，故名，明代成集。清朝设镇，为中牟八镇之一。清朝末年筑寨，名曰庆生寨。中华民国设区，镇废。《中牟县志》记载：黄店位于县城南部偏东，距县城 22 千米，为清代八大镇之一。

## 二

黄店镇历史文化底蕴深厚。境内有全国重点文物保护单位寿圣寺双塔，省级文物保护单位业王遗址，市级文物保护单位业王野岗遗址，县级文物保护单位段村东遗址、前冯墓群、祥付营遗址、打车李遗址、岗陈遗址、杓王东南遗址、东谢东北遗址、沙沃庙墓群、李村西南遗址 9 处。

寿圣寺三门里原有九通石碑，第一通碑记载该寺初建时的规模，其他八通碑分别记载唐、宋、元、明、清各代维修重建该寺的规模情况。其中，第六次修复时间为明太祖洪武三十年（1397 年），将寺院周围筑为城寨，因而有“唐修塔，朱打寨”之说。

20 世纪 70 年代老照片寿圣寺双塔　段双奇 摄

寿圣寺双塔　马健 摄

双塔为宋朝重修寿圣寺时始建。双塔东西对峙，相距约 20 米。双塔形制相同，均为小砖垒砌而成的六角形楼阁。东塔四级，高 15 米，塔身为平顶等边六角形，各级单檐，基层有图案纹饰，向东辟门，塔内有蹬道。西塔七级，高 32 米，砖身平顶，等边六角形，各级重檐飞突，上下檐均有双组砖刻，仿木斗拱承托，逐级互开塔窗，基层六面皆有坐佛浮雕。西南辟门，内有螺旋蹬道盘旋可至塔顶。双塔历尽沧桑，其檐部、塔壁等部位均有不同程度的损坏。

镇区遗址遗迹众多，其中于 1978 年发现的业王遗址内含遗迹、遗物丰富，出土的石磨盘被评定为国家一级文物。根据采集标本和出土物分析，业王遗址为新石器时代裴李岗文化时期遗存，对研究中原地区新石器时代早期的社会发展状况具有很高的历史、文化和科学价值。

镇区非物质文化传承经久不衰，其中庵陈麒麟舞、业王木偶戏最为群众喜闻乐见，已分别列入郑州市、中牟县非物质文化遗产名录。

## 三

辖区地势平坦，四季分明，气候温和，适合多种农作物种植，是传统的农业大镇。

中华人民共和国成立前，种植业是黄店镇主要产业，养殖业为辅助产业。种植业以小麦、大蒜、玉米、花生等为主，耕作粗放，靠天收粮，发展缓慢。养殖业以牛、猪、羊、家禽为主。

中华人民共和国成立初期，镇区在种植传统农作物的基础上引进新品种，粮食产量有所提高，农业生产发展加快。

改革开放为农业发展带来巨大变化。20 世纪 80 年代，家庭联产承包责任制的推行，调动了广大农民的生产积极性。中牟县开始实施农业区划调整，把全县划分为四个农业区，辖区属粮、林、油区和枣区，是全县花生、大枣、西瓜重点产区之一。

20 世纪 90 年代后期，黄店乡加强农业基础设施建设，调整种植结构，提高农业效益。同时，注重发展乡镇企业，兴办了棉花厂、预制厂、食品加工厂等企业，农户也纷纷开办铁业、木业、编织业、建筑业等行业企业。

进入 21 世纪，黄店镇以市场为导向，以科技为支撑，逐步引导农民走高效农业、特

黄店镇农业区 马健 摄

段村礼品西瓜种植基地 杨智军 摄

路横贯东西，南部迎宾大道穿境而过，安罗高速公路下站口设在黄店境内。村村通全覆盖，10 个行政村实现户户通，形成了内外衔接、村村互通、方便快捷的交通网络。党员带动，全民参与，硬化路肩，种植菜园，绿化村庄，全面提升农村人居环境，获得 2020 年“河南省卫生乡镇”称号。

重视教育事业，学校基础设施不断完善，师资力量持续加强。截至 2020 年底，黄店镇共有 1 所初中、7 所小学、4 所公办幼儿园和 4 所民办幼儿园。文化基础设施不断完善，镇区建有文化活动中心，各村建有文化大院、农家书屋等，文化活动广场各种健身器材一应俱全。群众自发成立麒麟舞、木偶戏、盘鼓队等文艺团体，利用节假日或庙会期间义务演出。黄店镇卫生院拥有先进的医疗设备，所辖各村均有卫生所，开展了城乡居民家庭医生签约服务，村民基本做到“小病不出村，大病不出镇”。改造修缮了养老院，其生活设施一应俱全，五保户、低保户做到应保尽保。

脱贫攻坚目标任务完成后，立足新的起点，黄店镇开启乡村振兴新征程。坚持以“五大振兴”为抓手，统筹做好粮食安全、农业高质量发展、乡村建设行动等重点工作，坚守以人民为中心的发展思想，动员激励干部群众积极投身乡村振兴，用心解决农民群众的“急难愁盼”问题，让广大群众的获得感、幸福感、安全感更加充实、更有保障、更可持续。

黄店镇坚持以党的建设高质量推动经济社会发展高质量，抓住郑州国家中心城市建设及郑开同城化机遇，努力实现综合实力迈上新台阶，生态文明取得新进步，民生福祉达到新水平，社会治理得到新加强，跨入现代化都市田园黄店建设的新征程。

# 基本镇情

黄店镇地处中牟县南部，距中牟县城22千米，东邻刁家乡，南邻郑州航空港区清河办事处，西邻郑州航空港区八岗办事处，北邻姚家镇，距离郑州市30千米。辖区内有安罗高速公路、225省道、317省道、刁黄路等交通要道，区位条件优越。

黄店镇下辖21个行政村，30个自然村，79个村民小组，总面积55平方千米，居民6563户，人口3.2万余人，耕地面积39294亩，人均耕地面积1.26亩。共有袁家社区、打车李社区、李村社区3个社区。

# 建置区划

## 镇名由来

黄店镇的名称来源于辖区的黄店村。

黄店位于中牟县城南 19 千米小清河南岸，相传唐代黄姓在陈州和郑州古道旁开店成村，故名，明代成集，清朝设镇。

## 建置沿革

明、清时期黄店镇区域属李寨保（里）。

1927 年，镇区分属第七区和第八区。

1941 年，镇区属丁庄乡。

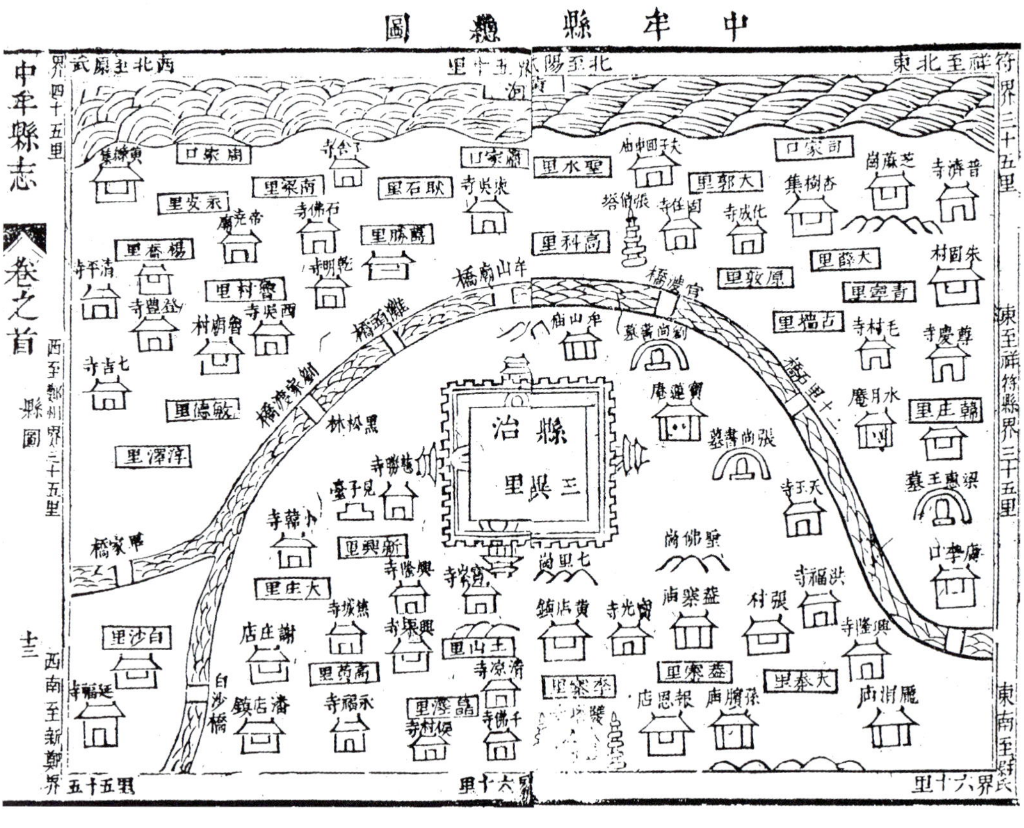


康熙《中牟县志》中的黄店镇

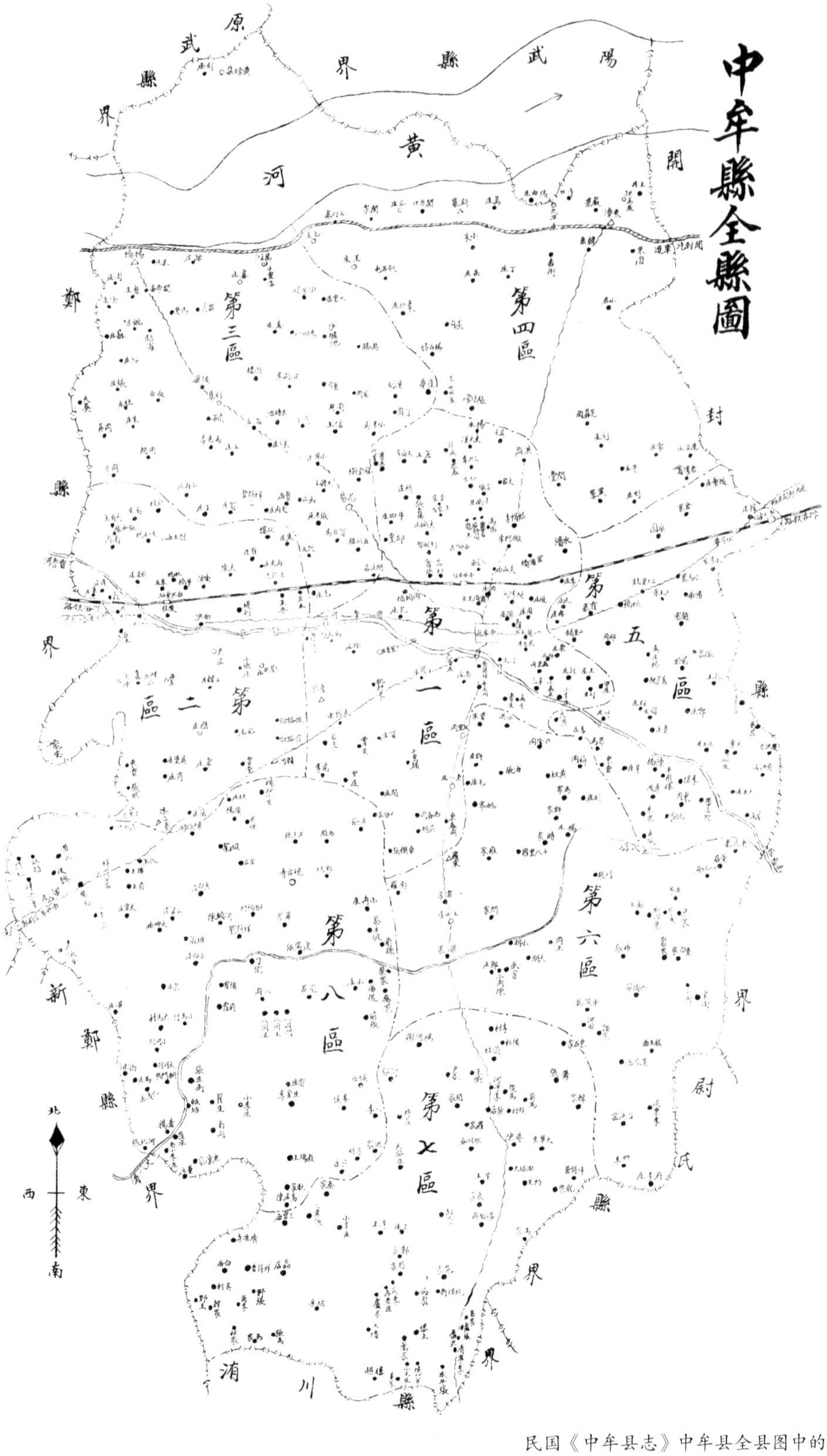


民国《中牟县志》中牟县全县图中的黄店镇

1948 年 10 月，中牟县设大孟、董岗、冉庄、八岗、岗王、丁庄共 6 个区，镇区属岗王区。

1949 年 5 月，中牟县增设城关区，全县共 7 个区，镇区仍属岗王区。

1950 年 8 月，中牟县设邵岗、大孟、董岗、冉庄、宋庄、丁庄、黄店、姚家共 8 个区，镇区属黄店区。

1951 年，中牟县设第一区、第二区、第三区、第四区、第五区、第六区、第七区、第八区共 8 个区，镇区属第七区。

1955 年 9 月，中牟县设东漳、白沙、三官庙、姚家共 4 个区，辖区属姚家区。

1955 年 12 月，中牟县撤区，设 41 个乡 1 个镇，辖区属黄店乡。

1956 年 12 月，中牟县设 21 个中心乡 1 个镇，镇区改称黄店中心乡。

1958 年 7 月，中牟县设 9 个乡 1 个镇，镇区称黄店乡。

1958 年 8 月，中牟县 9 个乡 1 个镇改为 10 个人民公社，镇区称黄店人民公社。

1961 年 8 月，中牟县设城关镇、孟庄、董岗、黄店、三官庙、郑庵共 1 个镇 5 个区，镇区改称黄店区。

1962 年 8 月，中牟县设城关镇、邵岗、大孟、刘集、白沙、郑庵、八岗、三官庙、黄店、姚家、孟庄共 1 个镇 10 个区，镇区为黄店区。

1963 年 2 月，中牟县 1 个镇 10 个区分别改称人民公社，镇区改称黄店人民公社。

1970 年 2 月，中牟县设 13 个公社革命委员会，镇区为黄店公社革命委员会。

1971 年，中牟县 13 个公社革命委员会恢复为人民公社，镇区为黄店人民公社。

1974 年 9 月，中牟县设 19 个人民公社，镇区为黄店人民公社。

1983 年 11 月，中牟县 19 个公社划为 18 个乡 1 个镇，黄店公社改称黄店乡。

2000 年 10 月，撤乡设镇，黄店乡改称黄店镇，沿用至今。

## 辖区变迁

1990 年，镇区下辖 32 个村民委员会：黄店、罗家、王俭、西谢、岗陈、黑李、石家、侯庄、圈后、八李、大路张、武张、申家、洪家、水西、郝营、冉家、袁家、业王、庵陈、油坊王、绰王、打车李、祥付营、八府赵、杓王、段村、冯家、前马庄、前杜、李村、武家村民委员会。共 46 个自然村，126 个村民组。

2000年10月，镇区下辖32个行政村：黄店、油坊王、庵陈、打车李、圈后、侯庄、杓王、祥付营、绰王、袁家、郝营、冉家、八府赵、黑李、石家、西谢、岗陈、八李、大路张、武张、申家、王俭、业王、罗家、李村、武家、马庄、冯家、段村、前杜、洪家、水西，共46个自然村。

2012年12月，圈后由郑州航空港区代管。此后镇区下辖31个行政村：段村、黑李、杓王、水西、武家、岗陈、石家、打车李、马庄、武张、业王、洪家、八李、西谢、油坊王、绰王、罗家、李村、袁家、郝营、祥付营、侯庄、庵陈、冯家、王俭、大路张、黄店、前杜、申家、八府赵、冉家，共44个自然村。

2013年7月，黑李、水西、石家、武张、洪家、八李、郝营、侯庄、大路张、申家10个行政村由郑州航空港区代管。此后镇区下辖21个行政村：马庄、祥付营、王俭、冯家、前杜、庵陈、西谢、武家、绰王、李村、八府赵、段村、袁家、罗家、杓王、冉家、岗陈、黄店、业王、打车李、油坊王，共32个自然村。

2020年，镇区下辖21个行政村：马庄、祥付营、王俭、冯家、前杜、庵陈、西谢、武家、绰王、李村、八府赵、段村、袁家、罗家、杓王、冉家、岗陈、黄店、业王、打车李、油坊王，共30个自然村。

## 村庄社区

**黄店村**　黄店村东邻段村，西邻岗陈村，南邻罗家村、庵陈村，北邻王俭村，是黄店镇政府驻地。全村面积约1.8平方千米，聚落呈长方形，耕地面积2465亩。村民主要经济来源为传统种植业，以种植小麦、玉米、红薯及大蒜等为主。

下辖6个村民组，人口2237人。主要姓氏有：马、王、冉、吕、刘、朱、陈、张、贺、赵、徐、高、曹、董、蔡、魏等。

黄店村交通便利，刁黄路023乡道贯穿村庄，村内主干道为柏油路或水泥路。农历每月逢三、六、九有集市，四月初一、五月初五有古庙会。

**绰王村**　绰王村位于黄店镇政府南5千米处，东邻八府赵村，西邻袁家村，南邻郑州航空港区冯堂办事处，北邻庵陈村，向南2千米处是寿圣寺双塔。聚落呈南北长方形。耕地面积1839亩。村民主要经济来源为传统种植业，以种植小麦、玉米、红薯及大蒜等为主。

岗陈村　马健 摄

李村　马健 摄

罗家村　马健 摄

村西南处有李村西南遗址，为东周时期文化遗存。

**罗家村**　罗家村位于黄店镇政府西南 1.5 千米处，东邻黄店村，西邻郑州航空港区，南邻油坊王、业王村，北邻岗陈村。梁冯路为村庄主要对外交通道路。耕地面积 3300 余亩。村民主要经济来源是传统种植业和外出务工，主要种植小麦、玉米、红薯、大蒜等农作物。

下辖罗家、沙沃庙 2 个自然村，有 6 个村民小组，630 户 2600 人。

清顺治年间，罗姓建村，原名罗家村，民国年间简称今名。

沙沃庙村西有沙沃庙墓群，为汉代文化遗存。

**马庄村**　马庄村位于黄店镇政府东北 2 千米处。村域范围东至冯家村，南至段村，西至黄店镇政府，北至前杜村。刁黄路、062 乡道分别从村庄南侧、西侧经过。总面积 1.02 平方千米。耕地面积 800 亩，村民主要经济来源是传统种植业和外出务工，主要种植玉米、小麦、花生、大蒜、西瓜等农作物。

下辖前马庄、后马庄 2 个自然村，有 3 个村民组，190 户 876 人。

马庄村在 20 世纪七八十年代和邻村段村为一个生产大队，随着人口增加等原因，后分离为独立的行政村。

清顺治年间马姓建村，全村均为马姓，故名马庄村。

马庄村　马健 摄

**武家村**　武家村位于黄店镇政府北方，东面、北面邻姚家镇小胡村，西邻郭庄村，南邻李村。聚落呈长方形。耕地面积 1036 亩，村民经济收入主要来源为传统种植业和外出务工，主要种植玉米、小麦、花生、大蒜、西瓜等农作物。

下辖武家、郭庄 2 个自然村，有 3 个村民组，171 户 770 人，全村以武姓、郭姓为主。

清代中后期自谢庄附近武家村迁到此处，仍用原名。

**油坊王村**　油坊王村位于黄店镇政府东南 2.5 千米处，东邻打车李村，西邻业王村，南邻绰王村，北邻庵陈村。聚落呈长方形。地处沙区，西、北两面多沙丘。耕地面积 1660 亩，村民的经济来源主要是家畜养殖、果树种植、绿化树苗种植、粮食作物种植。

下辖 3 个村民组，人口 1196 人，全村以王姓为主。

清顺治年间王姓建村，经营榨油作坊，故名油坊王。

**冯家村**　冯家村位于黄店镇政府东北 1.5 千米处，东邻刁家乡沟张村，西邻马庄村，南邻段村，北邻前杜村，刁黄路在村南穿过，村北有小清河。耕地面积 1565 亩。村民的经济来源主要是家畜养殖、粮食作物种植。

下辖前冯、后冯 2 个自然村，有 4 个村民组，956 人。

武家村　马健 摄

油坊王村　马健 摄

冯家村　马健 摄

冯家村共有4个姓氏，冯姓最多，据说是从山西省洪洞县迁入此地，距今已有300多年，主要以农为生；田姓迁至此地有100多年，主要以手工打铁为生；石姓是从新郑小石家迁至此地，距今上百年，以农为生；翟姓人口最少，迁至此地80余年，以农为生。

村东南处有前冯墓群，为汉代文化遗存。

冯家村古称“三里冯”，后改名为冯家村。

**王俭村**　王俭村位于黄店镇政府北方，东邻前杜村，西邻西谢村，南邻黄店镇政府，北邻姚家镇。聚落呈长方形。总面积2.67平方千米，耕地面积2145亩。刁黄路、225省道分别从村域南侧、西侧经过，梁冯路为村庄主要对外交通道路。

王俭村的土地属于沙土、细黏土混合土质，松软、散热、吸热性好，适应多种农作物种植。主要粮食作物是小麦、玉米等，主要经济作物是大蒜、花生、西瓜、红薯等。

下辖王俭、赵村、尹家3个自然村，有3个村民组，260户1206人，主要姓氏有王、赵、尹等。

清乾隆年间王俭始居，村以人名。

**业王村**　业王村位于黄店镇政府南3千米处，东邻油坊王村，西邻武家村，南邻袁家村，北邻罗家村。聚落呈长方形。耕地面积1740亩，主要种植小麦、玉米、花生、大蒜等农作物。

王俭村　马健 摄

业王村　马健 摄

业王村有 1300 人。

明代建村，原名野子王村，民国年间更今名。

村内有业王遗址、业王野岗遗址。业王遗址为河南省重点文物保护单位，业王野岗遗址为商代聚落遗址。

**祥付营村** 祥付营村位于黄店镇政府东南 6 千米处。总面积 1.5 平方千米，耕地面积 1619 亩，主要种植小麦、花生、玉米、红薯、大蒜、西瓜等农作物。

下辖 1 个自然村，有 3 个村民组，1100 人。

祥付营村建于宋代兵营遗址上，旧属祥符县辖，民国初始改归中牟管辖，更名祥付营村。

村东有祥付营遗址，为商代文化遗存。

**袁家村** 袁家村位于黄店镇政府南 5 千米处，东邻绰王村，西邻郝营村，南邻冉家村，北邻业王村。聚落呈东西长方形。耕地面积 3333 亩，主要农作物为小麦、玉米、花生、西瓜等。

下辖 4 个村民小组，497 户 2185 人，主要姓氏有袁、冉、周、叶、张，袁姓约占 80%。

明朝万历年间从山西省洪洞县迁到此地。据记载，明初建村于寿圣寺双塔后，原名袁家庄，亦名塔后袁，简称袁家。

祥付营村 马健 摄

袁家村 马健 摄

**冉家村** 冉家村位于黄店镇政府南7千米处，梁冯公路、冉三公路穿村而过。西邻丁庄村，北邻郝营村，南接李家村，东邻冯堂办事处圪垱街村。聚落呈长方形。耕地面积1270亩，主要农作物是小麦、花生、玉米、红薯、大蒜、西瓜等。

下辖4个村民组，233户950人。主要姓氏有冉、王等。冉家村原来为郝营大队（1974年）下属的一个自然村，后成为行政村。

清顺治年间冉姓建村而得名。

村东部寿圣寺双塔为国家级重点文物保护单位。

**西谢村** 西谢村位于黄店镇政府西北4千米处，属黄店镇边界村，紧邻225省道。聚落呈长方形。耕地面积1975余亩，林地700余亩，主要种植小麦、玉米、花生、西瓜、大蒜等。

下辖3个村民组，1449人。主要姓氏有谢、秦、王、张、李、刘等。

明代谢姓于小清河畔建村，原名河西谢家庄，演名杨河谢，与东谢对应，故名西谢。

**庵陈村** 庵陈村位黄店镇政府东南2千米处，东邻杓王村，南邻绰王村，西邻罗家村，北邻段村。聚落呈矩形。总面积约1.2平方千米，耕地面积2200余亩。地势西高东低，土质以沙土地居多，主要种植小麦、玉米、西瓜、大蒜、花生等农作物。

杓王村　马健 摄

段村　马健 摄

**打车李村**　打车李村位于黄店镇东南方，东、北邻杓王村、八府赵村，西、南邻庵陈、油坊王、绰王村。有大量的林地，生态环境较好。村内土地大部分为耕地，少部分为硬岗沙地。聚落呈长方形。总面积 2.5 平方千米，耕地面积 1700 亩，主要种植小麦、花生、玉米、大蒜、红薯等农作物。

下辖 4 个村民组，365 户 1657 人。主要姓氏为李姓。

清初李姓始居，以制造农用大车为业，原名打车李家庄，同治年间简称打车李。

村北有打车李遗址，为东周战国时期文化遗存。

**八府赵村**　八府赵村位于黄店镇东南方向，东邻刁家乡沃孙村，西邻打车李村，南邻祥付营村，北邻杓王村。聚落呈矩形。总面积 1.5 平方千米，耕地面积 2258 亩，林地面积 800 亩。村民的经济来源主要是果树、粮食作物种植，主要种植玉米、花生、大蒜等农作物。

下辖八府赵村、毛家村 2 个自然村，1998 年新村规划，2 个自然村合并成一个行政村，共有 4 个村民组，总人口 1450 人。主要姓氏有赵、毛等。

相传，明代八户赵姓建村，原名八户庄。清顺治年间演称八府庄，又称八府赵。

打车李村　马健 摄

八府赵村　马健 摄

前杜村　马健 摄

**前杜村**　前杜村位于黄店镇政府东北2千米处，东邻刁家乡石家村，西邻王俭村，南与马庄村隔河相望，北邻李村。邻近黄武路，交通便利。地势南高北低，多是黄土岗，部分为平沙地。聚落呈长方形。总面积1平方千米，耕地面积2132亩，主要种植小麦、花生、玉米、红薯、大蒜等农作物。

下辖前杜村、东谢村、河湾李村3个自然村，5个村民组，总人口1660人。主要姓氏有谢、杜、王、李、袁等。

杜姓建村，清乾隆年间名杜家庄。民国时期析为两村，该村位南故名前杜村。

东谢村东北处有东谢东北遗址，为东周时期文化遗存。

**社　区**　至2020年，黄店镇已建设打车李社区、袁家社区、李村社区3个社区。

打车李社区共建设283户：2013年建设45户，2014年建设50户，2015年建设45户，2016年建设106户，2020年建设37户，共回迁203户。社区2015年实施雨污水管网工程、社区道路工程；2016年实施强弱电内网工程、自来水工程；2017年实施绿化工程、污水处理工程，垃圾中转站及公共厕所工程，截至2020年已全部竣工。

打车李社区　马健 摄

袁家社区　马健 摄

李村社区　马健 摄

袁家社区共建设 113 户：2013 年建设 20 户，2014 年建设 22 户，2015 年建设 18 户，2016 年建设 53 户，共回迁 94 户。社区 2017 年实施雨水污水管网工程、自来水工程、道路工程；2019 年实施绿化工程，截至 2020 年已全部竣工。

李村社区已建设 38 户：2013 年建设 5 户，2014 年建设 7 户，2015 年建设 10 户，2016 年建设 16 户，共回迁 37 户。社区 2017 年实施雨污水管网和社区道路工程；2019 年实施绿化工程，截至 2020 年已全部竣工。

# 自然环境

## 地理位置

黄店镇位于北纬 34°32′57″，东经 114°0′28″。位于开港经济带核心板块，距离郑州市 30 千米，距离中牟县城 22 千米，距离郑州航空港区 15 千米。处于机场 15 分钟生活圈，郑州东强南动的叠加发展区，共享郑州都市区的综合交通枢纽优势。

安罗高速航空港服务区　马健 摄

## 地　形

黄店镇地势南高北低，多黄土岗，沙丘、沙垄多呈东北—西南、西北—东南走向，相对高度 2 ~ 7 米。20 世纪 50 年代后，经过长期的植树造林、防风固沙，大部分沙丘、沙垄被固定。少部分为硬岗沙地，属豫西丘陵向豫东平原延伸的尾部。岗坡起伏明显，岗垄两侧多为沙土。

## 气　候

黄店镇地处黄淮平原西部，属温带大陆性季风气候。一年中受太阳直射的时间，冬至日为 9 小时 50 分，夏至日为 14 小时 32 分，相差近 5 小时。在季风影响下，春季干燥多风，夏季炎热多雨，秋季凉爽，冬季干寒，四季分明。基本特点是光、热、水资源比较丰富，气候温和，雨热同期，有利于多种植物生长。降水量年际变化大，季节分配不均，水、旱、风、雹等自然灾害频繁，对农业生产影响较大。

20世纪90年代老照片硬岗沙地 段双奇 摄

黄店之春 马健 摄

黄店之夏　马健 摄

黄店之秋　马健 摄

黄店之冬　马健 摄

**日　照**　冬至日为一年日照最低点，太阳照射时间为9小时50分，夏至日为一年日照最高点，太阳照射时间为14小时32分，冬夏昼长相差近5个小时，年平均日照为2366小时，平均日照率为52%。一年光照时间以4—8月为最长。

**气　温**　年平均气温14.2℃。一年中7月最热，月平均气温为27.3℃；1月最冷，月平均气温0.2℃；1月、7月温差27.1℃。7月、8月因阴雨天气多，夜间地面热量辐射慢，昼夜温差小。

农耕期为309天，一般自2月13日开始，12月18日终止。作物活跃生长期为217天，一般始于4月2日，终于11月3日，此段积温为4655℃，可以满足农作物一年两熟或两年三熟的需要。

**地　温**　土壤温度的变化与农作物的播种、生长关系甚为密切。棉花、西瓜、玉米、花生等春播作物播种的适宜温度，通常为 5 厘米地温稳定通过 12℃、15℃。5 厘米地温稳定通过 12℃的平均日期为 4 月 3 日，最早在 3 月 23 日，最晚在 4 月 16 日。

年平均地温为 16.6℃，比年平均气温高 2.4℃，各月的地温变化趋势与气温相同。就季度说，一般夏季 5 厘米地温高于冬季、春季 5 厘米地温，增温迅速，对提早露地育苗或地膜覆盖栽培有利。

**降　水**　各季降水以夏季为最多，占全年降水量的 53%；秋季占 24%；冬季占 4%；春季占 19%。

历年平均降水日数为 82.3 天，最多的是 1989 年，共 130 天。最少的是 1966 年，只有 56 天。

**湿　度**　历年平均相对湿度为 68%。一年中湿度最大的月份是 8 月，平均为 81%，最小的月份是 1 月，平均为 61%；一日之中最大相对湿度多出现在早上，最小相对湿度多出现在下午。因此，播种以上午或早上比较合适。

**风**　在冬春季，东北风、西北风特别多。

耕种　马健 摄

大风使部分耕地遭受风蚀、压沙。每遇春季大风来临，严重影响小麦和春播作物幼苗正常生长，果树花蕾也受危害。解放后，由于大力营造林木，风沙灾害大为减少。

造成严重灾害的还有轻型和重型干热风。轻型干热风威胁着小麦受粉、灌浆，重型干热风促使小麦提前死亡，造成严重减产。多年来镇区内通过开展植树造林、引黄淤灌、扩大水浇地面积、改善条件等科技措施，大大减少了干热风的危害。

**霜 期** 据中牟县1958—2011年的气象记录，镇区年平均无霜期为212天，最长（1977年）为261天，最短（1958年）为192天，并具有初霜早、终霜晚的特点。平均初霜在10月29日，最早在1981年10月10日，最晚在1966年11月19日。平均终霜日期在3月29日，最早在1977年2月19日，最晚在1980年4月14日。

## 河 流

**小清河** 小清河由西向东，横贯镇区中部，西接八李水库，因上游在高岗，每至汛期易形成冲刷、坍塌。在镇区流经岗陈、黄店、马庄、冯家、前杜村，长5.18千米。

小清河 马健 摄

丈八沟　马健 摄

**丈八沟**　丈八沟在镇区流经李村、武家村，长 1.01 千米。

**马　河**　马河在镇区流经袁家、油坊王、庵陈、打车李、八府赵、杓王村，长 8.20 千米。

**北康沟**　北康沟也称康沟河，在镇区流经绰王、祥付营、八府赵村，长 3.05 千米。

**蒋家沟**　蒋家沟在镇区流经冯家村，长 1.12 千米。

**侯庄沟**　侯庄沟在镇区流经西谢、王俭、前杜村，长 3.9 千米。

## 物　产

### 植　物

**粮食作物**　主要有小麦、大麦、荞麦、玉米、水稻、红薯、大豆、高粱、黍子、稷子、绿豆、豇豆、豌豆、扁豆、黑豆、小豆等。

**经济作物**　主要有棉花、花生、芝麻、油菜、蓖麻、向日葵、西瓜、甜瓜等。

20世纪80年代老照片粮食作物种植——粟米 段双奇 摄

秋收——玉米 马健 摄

刺槐　马健 摄

香樟树　马健 摄

杨树林　马健 摄

红豆杉　马健 摄

羊肚菌 马健 摄

插花向日葵 马健 摄

**草 类** 主要有芦草、小苜蓿、莠草、茅叶草、莎草、狗狗秧、红叶草、三棱草、猪毛尾菜、麦荠菜、面条棵、灰灰菜、白蒿、燕麦、猫眼、爬墙虎、稗草、星星草、蒲草、老饭蛋、扫帚苗、节节草、浮萍、箭筈、苣菜、杂草等。

**动 物**

**家 畜** 主要有牛、驴、马、骡、猪、羊、狗、猫、兔。

**野生动物** 主要有狐狸、獾、黄鼠狼、野兔、刺猬等。

牧羊 马健 摄

**家　禽**　主要有鸡、火鸡、鸭、鹅、鸽子等。

**飞　禽**　主要有啄木鸟、猫头鹰、乌鸦、喜鹊、麻雀、鹌鹑、布谷鸟、杜鹃、燕子、鹰、鹞、水鸭、大雁、灰雁、孔雀、野鸡、白鹭、白天鹅等。

**两栖动物和爬行动物**　主要有青蛙、蟾蜍、鳖、蛇、壁虎、蜥蜴等。

**鱼　类**　主要有鲤鱼、草鱼、鲫鱼、鳝鱼、鲇鱼、鲢鱼、泥鳅等。

**软体动物**　主要有河蚌、蜗牛、田螺等。

**昆　虫**　主要有桑蚕、蓖麻蚕、瓢虫、蝴蝶、蜜蜂、赤眼蜂、寄生蜂、蝗虫、蚱蜢、蚊、蝇、蝉等。

# 人口民族

## 人口总量

1982年第三次全国人口普查全镇人口总数是32773人，每平方千米人口密度为367人。

1990年第四次全国人口普查全镇人口总数是36452人，占中牟县人口的比重为6.08%；每平方千米人口密度为453.2人，比1982年“三普”每平方千米增加86.2人。

2000年第五次全国人口普查全镇人口总数是37970人，占中牟县人口的比重为5.64%；比1990年“四普”时增加1518人，增长率为4.16%。每平方千米人口密度为472人，比1990年“四普”每平方千米增加18.8人，比1982年“三普”每平方千米增加105人。

2011年，全镇共有居民9627户，总人口40282人。

2012年，全镇共有居民10030户，总人口42752人。

2013年，区划调整前全镇有居民10030户，总人口42752人。区划调整后，剩余6000余户，3万余人。

2014年，全镇共有居民6020户，总人口30661人。

2015年，全镇共有居民6050户，总人口30800人。

2016年，全镇共有居民6071户，总人口31492人。

2017年，全镇共有居民6102户，总人口31723人。

2018年，全镇共有居民6147户，总人口31858人。

2019年，全镇共有居民6194户，总人口32277人。

2020 年，全镇共有居民 6194 户，总人口 32315 人。

2021 年，全镇共有居民 6208 户，总人口 32647 人。

### 源流迁徙

商周时期，居住人口稀少。此后人口逐渐增多。

唐宋时期，社会相对较稳定，辖区内有多姓氏的居民在此生息繁衍，人口不断增加。

元朝末期，战争频繁，加之灾害频生，人口锐减。

明清时期，有山西移民来到辖区，加之外迁户逐渐返回，人口逐渐增加。

### 民族构成

镇区内大部分为汉族居民，少数民族有回族、蒙古族、藏族、苗族、阿昌族、布朗族、拉祜族、佤族、傣族、哈尼族、土家族、白族、瑶族、彝族、壮族、满族、侗族等，形成了多个民族和睦相处、共同发展的局面。

### 姓氏组成

主要姓氏有王、冉、陈、毛、刘、马、魏、吕、朱、赵、张、袁、石、冯、谢、丁、李、武、郭、隆、田、贺、高、秦、杜、罗、蔡等。

## 社会发展

### 科技科普

1967 年，黄店人民公社石家大队建立了良种场。

1986 年，中牟县组织兽医师、畜牧师赴黄店乡，给乡村干部、党团员和养殖专业户传授科学养牛、养羊、养鸡等知识。

20 世纪 90 年代中期，黄店乡引进花菇生产项目，自建菌种场繁育菌种，形成集中成片种植。食用菌生产技术被中牟县政府作为富民项目推广。

1997 年，黄店乡发展香菇生产，通过聘请专家讲课等形式，香菇生产渐成规模。

2008 年，黄店镇以镇农技站为主推广农业科学种植技术，以镇种子站为主推广农业优良品种，以镇农机站为主推广先进农业生产机械。

食用菌种植　马健 摄

高效农业——拱棚　马健 摄

高效农业——吊秧小西瓜　马健 摄

2011 年，镇农技校举办各种培训班 13 期，培训学员 1300 人次。32 所村农技校共举办培训班 64 期，培训学员 3200 人次。同年，中牟县完善 6 个农业技术推广区域中心站硬件和软件建设，其中一个区域中心站位于黄店镇黑李村。

2013 年，中牟县投入 216 万元，对包括黄店镇黑李村在内的 6 个农业技术推广区域中心站进行机构条件建设。

2014 年以来，辖区不断推广农业新品种、新技术，引导传统农业向高效农业、生态农业、设施农业发展。

## 学校教育

1958 年，在黄店人民公社的宝光寺建成中牟县立第七初中，这是黄店镇第一初级中学的前身。

1990 年，黄店乡有学前班 30 处，小学 28 所，初中 3 所，90% 的学校实现了“六配套”，适龄儿童入学率达 99%。黄店乡通过市县检查，获得“无盲乡”称号。

1996 年，黄店乡中心学校成立，负责全乡中小学及幼儿园教育教学管理工作。

1998 年，黄店乡基础教育通过省、市验收，达到“普九”要求。

2000 年，全镇有初中 2 所、小学 24 所，共有教师 272 人，在校生 7763 人。

2008 年，全镇小学在校生 2282 人，初中在校生 1170 人。初中建有微机室，共有计算机 79 台。全镇有教师 268 人，其中中级职称 135 人，初级职称 133 人。

2011 年，辖区有幼儿园 1 所，全园幼儿 105 人，专任教师 5 人。有完全小学 11 所，教学点 7 个，在校生 2627 人，81 个教学班，教职工 153 人，专任教师 140 人，学历达标率 100%。有初中 2 所，在校生 852 人，教职工 85 人，专任教师 67 人，学历达标率 100%。同年完成教育用房改造项目 6 个，维修改造面积 1886.5 平方米，新建后杜小学教学楼 1 座，建筑面积 526 平方米。

2012 年，全镇 179 名教师参加继续教育，47 名教师参加“国家计划”项目培训。

2013 年 9 月，黄店镇第二初级中学、福和希望小学、八李小学、武张小学、大路张小学四个成建制小学和侯庄小学、圈后小学两个教学点划入郑州航空港区。黄店镇剩余 1 所初中、11 所小学和 4 所公办幼儿园。

2014 年，建成打车李小学办公楼、李村和袁家幼儿园教学楼，新建黄店小学 2 座教学楼。

2017 年，黄店镇党委、政府协调资金，改善黄店镇第一初级中学、黄店中心小学、打车李小学、中心幼儿园等教学环境和就餐环境，为学校配备桌椅 330 套、餐桌 100 套，新建录播教室 2 个。

2020 年 1 月，黄店镇投入 1300 万元新建中学教学楼，397 万元新建教师周转用房，300 余万元征用土地 50 余亩建设中学操场。黄店镇西谢小学、绰王小学撤并，教师和学生分别并入后杜小学、打车李小学。截至 2022 年，黄店镇共有 1 所初中、7 所小学、4 所公办幼儿园和 4 所民办幼儿园。

**中心幼儿园** 位于黄店镇东南，2012 年投入使用。占地面积 1608 平方米，共有 2 栋单体建筑，其中一栋是三层教学楼，一栋是一层办公楼。2016 年达标郑州市一级幼儿园。2020 年，共有在校幼儿 260 余名，在园教职工 23 名。

**打车李幼儿园** 位于黄店镇打车李村，2013 年 8 月投入使用。占地面积 5500 平方米，建筑面积 2720 平方米，共有 3 栋单体建筑，分别为教学楼、原打车李小学老教学楼及原打车李小学老办公室。2020 年，幼儿园有 4 个教学班，在校生 145 人，共有教职工 13 人，其中教师 5 名，全部是本科学历。

打车李幼儿园　李继昌　供图

**李村幼儿园**　位于黄店镇北部李村社区内，2014 年 8 月正式投入使用。占地面积 3500 平方米，建筑面积 1916 平方米。2021 年初，幼儿园有 3 个教学班，在校生 111 人，共有教职工 11 人，其中教师 7 名，全部是本科学历。

**袁家幼儿园**　位于黄店镇南部袁家社区内，2016 年投入使用。2020 年，幼儿园有教师 9 人，其中大专及以上学历 5 人。幼儿园有 4 个教学班，共 125 人。

**中心小学**　学校占地面积 16000 平方米，建筑面积 7379.23 平方米，有教学楼 2 栋、学生宿舍 1 栋、学生餐厅 1 栋。2020 年，学校开设 14 个教学班，在校生共有 632 人，其中寄宿生 320 人。在校教师共 39 人，其中中小学一级教师 5 名，中小学二级教师 21 名，包含县级以上骨干教师 7 名。学校获得过中共中牟县委、中牟县人民政府“中牟县文明校园”，中牟县教育体育局“教育教学工作先进单位”等称号。

**打车李小学**　学校占地面积 19200 平方米，建筑面积 3967.25 平方米，有教学楼 2 栋、学生宿舍 1 栋、学生餐厅 1 栋。2020 年，学校开设 14 个教学班，在校生共有 688 人，在校教师 37 人，其中 35 人是本科学历，2 人是大专学历。学校在 2018 年被中牟县教育体育局评为“教育教学工作先进单位”。

李村幼儿园 马健 摄

**后杜小学** 学校占地面积5660平方米，建筑面积1680平方米。2019年，在校生151人，教师8人，校聘教师1人，教师本科以上学历6人，大专学历2人。

**罗家小学** 学校占地面积10000平方米，建筑面积1543平方米。2020年，在校生138人，教师8人，本科以上学历6人，大专学历2人。

**宝光寺小学** 学校占地面积3030平方米，建筑面积667平方米，有教学楼1栋、平房3间。2020年度开设4个教学班，在校生共有119人。在校教师共8人，其中1人是研究生学历，7人是本科学历。

**油坊王小学** 学校占地面积10000平方米，建筑面积949平方米。2020年，在校生58人，在岗教师8人，其中本科以上学历6人，大专学历2人。

**袁家小学** 学校占地面积5365.21平方米，建筑面积1933.66平方米，有教学楼1栋，综合办公用房一排12间。2020年有6个教学班，在校生共有201人。在校教师共13人，8人是本科学历，5人是大专学历。

**黄店镇第一初级中学** 1958年，中牟县立第七初中在黄店公社的宝光寺建成，是黄店镇第一初级中学的前身。该校现是一所全日制寄宿制初中，学校北邻刁黄公路，西依黄

打车李小学课堂　马健 摄

黄店镇第一初级中学流动科技馆　李继昌　供图

店中心镇区，占地 21600 平方米，拥有教职工 85 人，其中市优秀教师 3 人，县优秀教师 15 人，省级骨干教师 4 人，高级教师 2 人，专任教师 59 人，均为本科学历。学校有 22 个教学班，在校学生 1230 名。学校先后获得郑州市“文明学校”、中牟县“教育教学工作先进单位”、中牟县“教科研先进单位”等称号。

## 医疗卫生

1956 年，由政府主导，几家私人诊所合并成联合诊所——黄店卫生院，成为辖区第一家医疗卫生机构。

20 世纪 90 年代初，黄店卫生院有职工 19 人，其中医师 8 人。医院占地面积 7000 平方米，建筑面积 2000 平方米。辖区所有行政村均有村卫生所。

1998 年 4 月，黄店卫生院进行人事制度改革试点，实行院长公开招聘、竞争上岗，职工实行全员合同化管理。

1999 年，辖区实施村级卫生组织“一体化管理”，实行集体办医、一村一所（居住分散、3000 人以上的大村可另设一个卫生室），要求村卫生所医生获得卫生专业中专资格证书，具有行医合格证和县卫生局评定的技术职称。实行“六统一”管理（统一人事管理，统一行政管理，统一药品管理，统一预防保健、医疗、技术培训 3 项业务管理，统一职称评定，统一财务管理）。

2008 年，黄店镇有镇卫生院 1 所，村卫生所 43 个，医护人员 80 人，其中中级职称 3 人，初级职称 77 人；设病床 21 张。主要医疗设备有血球分析仪、B 超机、X 光机、心电图机、心电监护仪、人工呼吸机等。有救护车 1 辆。

2009 年，新建西谢、武张、罗家、杓王 4 个标准化卫生所，每所投入 4 万元。

2010 年，新建大路张、圈后、侯庄等 15 个标准化卫生所，每所投入 4.5 万元。

2011 年，黄店镇投入 260 万元的镇卫生院门诊综合楼投入使用。新建打车李、前杜、李村等 13 个标准化卫生所，其中达到市级标准的占 8 个，达到县级标准的占 5 个。全镇医疗机构完成诊疗 68841 人次。

2013 年，为打车李社区建设统一标准的社区卫生服务中心，为黄店镇卫生院配备 1 台健康一体机。

2014 年，建成打车李社区卫生服务中心。

黄店镇卫生院　刘林杰 摄

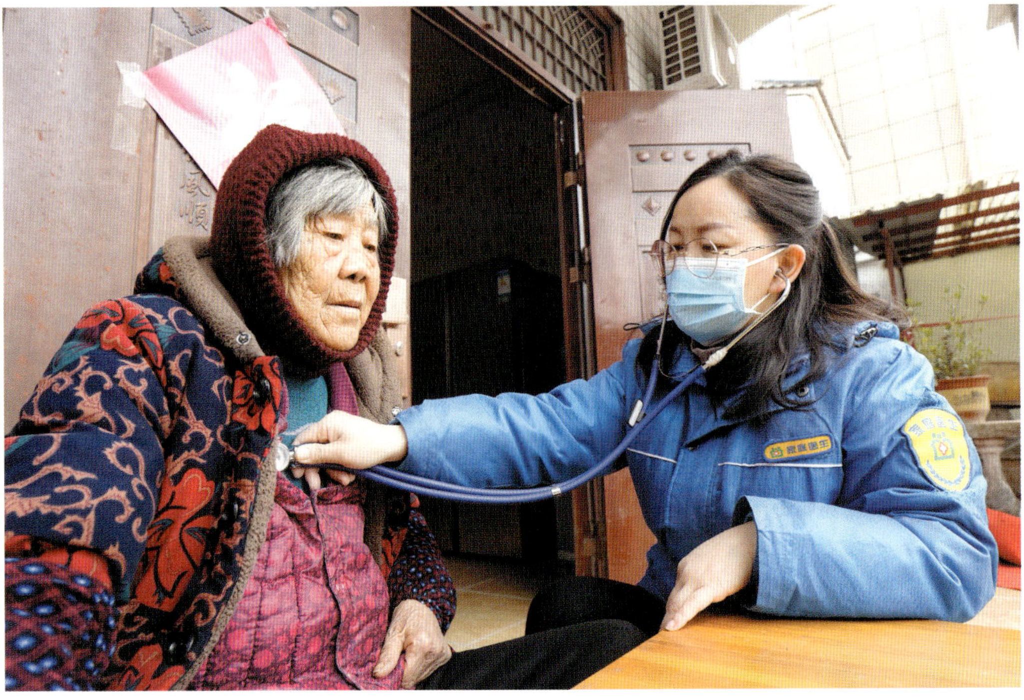

家庭医生服务　马健 摄

2017年，开展城乡居民家庭医生签约服务，全镇完成签约服务23998人，签约率达88.5%。

截至2022年，黄店镇卫生院建筑面积4800平方米；有职工67人，其中中级职称7人，初级职称53人；开放床位57张；拥有医疗设备DR机、C臂、彩超机、多普勒机、多导联心电图机、全自动生化分析仪、血液分析仪、心电监护仪、多功能急救车、体检车、尿液分析仪、黄疸治疗仪、耳声发射测试仪等多种配套设备，基本能够满足辖区居民的健康需求。此外，辖区还拥有22个卫生所，覆盖所有行政村。

**疫情防控** 每村设立核酸检测采样点，设立指引标识，落实间隔要求，设立物资保障组，按照物资配备标准，由专人负责提前配备好核酸采样物资，为全面开展全员核酸检测采样工作提供了后勤保障。以村民小组为单元，发挥志愿者力量，引导群众分批次、分时段检测，设立绿色通道、流动采样车等，确保现场高效有序，提升检测效率。

各村建立防疫值班制度，加大各类店铺巡查力度，建立联防联控机制，构筑群防群控抵御疫情的严密防线。加强城乡环境卫生专项整治力度，规范废弃口罩等特殊垃圾收集、转运和处置工作，对辖区人员密集场所开展病媒生物防制的消杀，全面提升城乡环境卫生水平。

核酸检测 马健 摄

## 群众文化

1978 年，在黄店村西有乡村合办的黄店乡影剧院，面积 3600 平方米，能容纳 3000 人。

20 世纪 90 年代前，群众文化活动方式较少，主要是看电影、看戏、组织拔河比赛等。

1991 年，黄店村建戏院和戏楼，地点在贺家坟处。

1995 年、1996 年，黄店乡文化站被评为河南省百强文化站。

1996 年，中牟县图书馆在黄店乡开设分馆。

2000 年，黄店镇有电影放映队 23 个，年放映电影 300 场次。

2008 年，黄店镇先后建成杓王、打车李两个村级文化大院。

2011 年，全镇有文化站 1 个，建筑面积 300 平方米；公共图书室 1 个，建筑面积 70 平方米，藏书 5000 册。建成马庄、祥付营、侯庄、业王、武家、王俭、岗陈、黑李、大路张、八李、黄店 11 个村农家书屋。建成岗陈、黑李、业王、武家、王俭 5 个村文化大院。黄店镇开展送戏下乡活动，在大路张、侯庄、罗家 3 个村演出 12 场。

2016 年，建成镇区文化活动中心。

2017 年，黄店镇投入 314.96 万元，在前杜、杓王、油坊王等 12 个行政村建设高标准村民文化活动广场。组织文化进基层演出 20 余场，送文化下乡演出 40 余场。庵陈村麒麟舞在郑州市华夏优秀传统民间文化集中展演中获一等奖。

杓王村文化大院——农村书屋　刘林杰 摄

2018 年，组织黄店镇送文化下乡、送戏下乡演出 31 场次，红色文艺轻骑兵暨“快乐星期天”演出 20 余场次。庵陈村麒麟舞参加郑州市“我们的中国梦”文化进万家系列文艺展演——非物质文化遗产展示活动获一等奖。

2019 年，黄店镇投入 480 万元，建成王俭村、黄店村等 12 个行政村 4500 平方米的村级便民服务中心和文化活动广场。黄店镇文化服务中心 6 月获中牟县非物质文化遗产进校园成果展示优秀组织奖，7 月获中牟县“庆七十华诞 · 我和我的祖国”合唱比赛优秀组织奖，12 月获中牟县文化广电旅游局、中牟县非物质文化遗产保护中心颁发的优秀组织管理奖。庵陈村麒麟舞参加中央电视台特别节目——东西南北贺新春郑州分会场节目录制。

2020 年，黄店镇举办麒麟舞大赛、“双优双带”惠民演出、送戏下乡等活动。文艺汇演 24 场次，送戏下乡 48 场次。

2021 年 4 月，黄店镇在业王村文化广场举办“党建引领　薪火相传”文艺比赛，热烈庆祝“五一”国际劳动节和“五四”青年节。6 月，黄店镇在黄店村文化广场隆重举行庆祝中国共产党成立 100 周年文艺汇演。6 月，黄店镇在中牟县“向党的 100 周年献礼”广场舞大赛中获得乡镇组优秀奖。黄店镇在 2021 年“全民健身月”暨“千村百镇”系列体育活动广场舞大赛自编套路比赛中获得三等奖、体育道德风尚奖，在 2021 年中牟县“千

送戏下乡　刘林杰 摄

麒麟舞之一　马健 摄

麒麟舞之二　马健 摄

“奋斗百年路　启航新征程”——黄店镇庆祝建党 100 周年“文艺轻骑兵”演出

村百镇”系列体育活动拔河比赛中获得三等奖、体育道德风尚奖。

2022 年 3 月，黄店镇新时代文明实践所开展“好婆婆　好媳妇”表彰活动。同年 7 月，黄店镇举办“党建引领践初心　同心筑梦迎七一”文艺活动。7 月，郑州市“美丽庭院”线下讲习所走进“田园黄店”。7 月，黄店镇新时代文明实践所开展“乡村光荣榜”先进典型人物表彰活动。8 月，黄店镇开展“喜迎二十大　欢乐进万家”群众文艺培训活动。9 月，黄店镇举行“党建引领　爱心筑梦”2022 年慈善助学金发放仪式。9 月，黄店镇开展 2022 年度 99 公益活动表彰。9 月，黄店镇开展“党建引领风帆劲　乡村振兴谱新篇”直播助农活动。9 月，黄店镇召开庆祝第三十八个教师节暨表彰大会。

## 社会保障

**救济救助**　20 世纪 90 年代以前，辖区主要通过发放救济款、救济物资等形式，对贫困户、孤寡老人等对象进行救助。

1995 年，黄店镇敬老院被评为县级文明敬老院。

2008 年，全镇救助贫困户 624 户，五保户 67 人，享受农村低保待遇 1096 人，发放农村

非物质文化遗产——坠子戏　刘林杰　摄

低保金 78.46 万元，发放优抚优待金 21.16 万元，发放五保金 13.04 万元，发放临时救济款 3 万元。

2009 年，全镇共救助低保户 715 户，1182 人，其中 A 级 113 户 119 人，发放低保金 6.32 万元。

2010 年，全镇共救助低保户 805 户，1241 人，发放低保金 10 万元。

2011 年，全镇对农村低保 765 户 1171 人，支出 138.41 万元。农村五保集中供养 35 人，支出 1.26 万元。农村五保分散供养 31 人，支出 0.67 万元。农村医疗救助 56 人次，民政部门资助参加合作医疗 78 人次，支出 7.4 万元。农村临时救济 172 人次，支出 1.3 万元。国家抚恤、补助各类优抚对象 352 人，抚恤事业费支出 62 万元。

2012 年，全镇享受农村低保 642 户，1456 人。

2013 年，全镇共救助低保户 783 户，1190 人，发放低保金 12.56 万元。五保户 70 人，其中集中供养 33 人，分散供养 37 人。共保障集中供养款 1.32 万元，发放分散供养款 8880 元。

2014 年，全镇对低保 11 户 16 人，农村低保 451 户 675 人发放补助资金。投入 89 万元建成一所社会养老服务中心，建筑面积 632 平方米，房屋 25 间，配备电视机、洗衣机等生活电器。

2015 年，全镇对低保 9 户 11 人、农村低保 404 户 649 人，累计发放低保金 129.3 万元。临时救助贫困群众 36 人次。

2016 年，全镇新增低保 35 户，累计发放低保金 62 万元。

2017 年，全镇共发放低保金 120.52 万元，五保金 74.99 万元，残疾补贴 55.25 万元，高龄补贴 6.8 万元，优抚补贴 117.79 万元，支边补贴 5.28 万元，孤儿救助金 2.26 万元，“三无”人员补贴 3.42 万元。

2018 年，全镇共发放低保金 174.4 万元，生活补贴金 161.16 万元，各类优抚补贴金 239.84 万元，残疾类 5 项补贴 117.97 万元，高龄补贴 9.36 万元，临时救助 15.3 万元。申请 76 户四类人群危房改造全部完成。

2019 年，全镇共发放低保金 70.21 万元，孤儿救助金 1.06 万元，特困人员生活补助金 48.22 万元，残疾人补贴 78.80 万元。对 50 户房屋进行维修或重建。

2020 年，全镇对低保特困 539 人，每人发放 600 元消费券。临时救助 1000 余人，共 46.3 万元。发放残疾人辅助器具 157 件。

2021 年，全镇低保特困 533 人，低保发放 1817081 元，特困发放 1481109 元，共计 3298190 元。临时救助 1 人，慈善救助 33 人，共计 225508.8 元，发放残疾人辅助器具 100 件。

**黄店镇敬老院** 1995 年建成，同年被评为县级文明敬老院，拥有住房 18 间。2011 年增建住房 15 间，约 375 平方米。截至 2022 年，敬老院共拥有房间 39 间，院民 16 名，配有娱乐室、活动室、洗澡间、餐厅。

黄店镇敬老院 李新华 摄

**养老保险** 2008 年，城乡居民新增参保人数 196 人，新增享受待遇人数 178 人，新增缴费 196 人。

2009 年，城乡居民新增参保人数 232 人，新增享受待遇人数 223 人，新增缴费 232 人。

2010 年，城乡居民新增参保人数 3991 人，新增享受待遇人数 269 人，新增缴费 1155 人，正常缴费 12.44 万元。

2011 年，城乡居民新增参保人数 12635 人，新增享受待遇人数 209 人，新增缴费 11819 人，正常缴费 120.21 万元。

2012 年，城乡居民新增参保人数 127 人，新增享受待遇人数 52 人，新增缴费 240 人，正常缴费金额 23.51 万元。

2013 年，城乡居民新增参保人数 41 人，新增享受待遇人数 25 人，新增缴费 253 人，正常缴费金额 19.94 万元。

2014 年，城乡居民新增参保人数 34 人，新增享受待遇人数 28 人，新增缴费 292 人，正常缴费金额 10.46 万元。

2015 年，城乡居民新增参保人数 382 人，新增享受待遇人数 20 人，新增缴费 342 人，正常缴费金额 59.90 万元。

2016 年，城乡居民新增参保人数 63 人，新增享受待遇人数 9 人，新增缴费 331 人，正常缴费金额 88.09 万元。

2017 年，城乡居民新增参保人数 68 人，新增享受待遇人数 7 人，新增缴费 386 人，正常缴费金额 58.79 万元。

2018 年，城乡居民新增参保人数 52 人，新增享受待遇人数 11 人，新增缴费 270 人，正常缴费金额 70.21 万元。

2019 年，城乡居民新增参保人数 93 人，新增享受待遇人数 11 人，新增缴费 234 人，正常缴费金额 68.63 万元。

2020 年，城乡居民新增参保人数 97 人，新增享受待遇人数 7 人，新增缴费 222 人，正常缴费金额 71.59 万元。

2021 年，城乡居民新增参保人数 168 人，正常缴费金额 85.67 万元。

**医疗保险** 2008 年，全镇新型农村合作医疗参保率达 85%。

2009 年，全镇新型农村合作医疗参保率达 88%。

2010 年，全镇新型农村合作医疗参保率达 89%。

2011 年，全镇新型农村合作医疗参合率达 90%。

2012 年，全镇新型农村合作医疗参合率达 90.5%。

2013 年，全镇新型农村合作医疗参保率达 91%。

2014 年，全镇新型农村合作医疗参保率达 92%。

2015 年，全镇新型农村合作医疗参保率达 93.2%。

2016 年，全镇新型农村合作医疗参保率达 93.5%。

2017 年，全镇新型农村合作医疗参保率达 94%。

2018 年，全镇新型农村合作医疗参保率达 95%。

2019 年，全镇新型农村合作医疗参保率达 96%。

2020 年，全镇新型农村合作医疗参保率达 97%。

2021 年，全镇新型农村合作医疗参保率达 97.5%。

2022 年，全镇新型农村合作医疗参保率达 98%。

**劳动就业** 2011 年，新增就业人数 86 人，下岗失业人员再就业 8 人，就业困难人员再就业 3 人。

2015 年，农村劳动力转移就业 1142 人次，审批小额贷款 50 万元。

2016 年，技能培训 581 人次，审批小额贷款 50 万元。

2017 年，实现城镇新增就业 306 人，农村劳动力转移就业 898 人。

2018 年，实现城镇新增就业 18 人，发放创业贷款 20 万元，组织农民工培训 560 人次，发放招聘信息表 1000 余份。

2019 年，实现城镇新增就业 20 人次，劳动力转移就业 530 人次，创业担保贷款 50 万元，技能培训 500 人次。

2020 年，安排 33 户建档立卡户临时务工，开发企业公益岗位 43 个；发放帮扶资金 4.4 万元、就业创业奖补 2.2 万元。

2021 年，安排 49 户监测户、脱贫享受政策户临时务工，开发企业公益岗位 50 个；发放帮扶资金 20.73 万元、就业创业贷款 100 万元。

## 居民生活

**衣** 中华人民共和国成立前，辖区群众衣服以土棉布为主，蓝黑色居多。

中华人民共和国成立后，斜纹布、洋布增多。20 世纪 50、60 年代，粗布、洋布相混，男性喜戴军帽、鸭舌帽，穿中山装、列宁装、干部服，衣服多为蓝、黑、绿、灰色。女性上穿绿、蓝、红、灰带小花短衣，下穿偏口裤。70 年代后，化学纤维涤良、涤卡、涤纶布颇为盛行。

80 年代后，年轻男性爱穿西装、夹克，牛仔服、喇叭裤也曾流行一时。中老年人多穿中山装、干部服。年轻女性夏穿花色上衣，下穿裙子和长筒袜，脚穿高跟鞋、半高跟鞋；冬穿鸭绒袄、棉袄等。

进入 21 世纪，衣着款式、面料、质地档次提高，品种增多，从一衣多季到一季多衣，从单一的御寒、保暖衣着，到适应不同

黄店镇村民生活 李新华 摄

环境的工作装、礼仪装、居家装、休闲装、运动装，审美追求时尚靓丽。

**食** 中华人民共和国成立前，村民饮食为每天早、中、晚三餐。主食一般是黑馍（高粱豆子混合面）、稀饭糊涂（稀饭为小米粥，糊涂为高粱面汤），面条为麦面或绿豆面，蔬菜多为萝卜、白菜、咸菜、瓜豆等。

中华人民共和国成立后，辖区村民的生活条件得到改善。尤其改革开放后，大米白面常年不断，各种蔬菜、水果四季常有。

2000 年后，精米白面、不同蔬菜、各种肉食走上百姓餐桌。截至 2020 年，肉禽蛋、水产品、蔬菜、干鲜瓜果和鲜奶受到欢迎，居民饮食更加注重科学、健康。

**住** 20 世纪 70 年代前，辖区群众住的是茅草屋、土堆房、瓦房。20 世纪 80 年代，辖区住房由砖木结构向砖混（混凝土）结构过渡，开始盖预制板平房。90 年代初期，已有农民盖起了“一头沉”，即下面四间，上面一间。后来又有新样式“一肩挑”，即下面四间，上面两头各建一间，下面住人，上面放粮食和农具。

进入 21 世纪，镇区住宅与城市楼房结构一致。房屋内部由单一的堂屋、厢房发展为多功能套房，由单一的居住功能演变为卧室、客厅、书房、厨房、平台、阳台俱全的复合居住环境。

黄店镇新型农贸市场 马健 摄

黄店镇农村集市 马健 摄

**行** 20 世纪 70 年代以前，辖区村民外出大多数靠步行。70 年代后开始以自行车代步。80 年代自行车普及。90 年代，各行政村都修了柏油路，年轻人开始骑上摩托车。进入 21 世纪，居民拥有三轮车、电动车等。党的十八大以来，小汽车已经进入寻常百姓家，远行还可以选择公交、高铁、飞机等多种交通工具。

现代出行 马健 摄

## 精神文明建设

改革开放以来，镇区坚持精神文明建设与物质文明建设协调发展，坚持“两手抓、两手都要硬”，努力创造良好的社会环境。

1992年，黄店村召开表彰大会，会上对“五好家庭”、先进模范人物、“三好学生”等称号获得者当场颁奖。

2008年，中牟县国家税务局黄店税务分局被授予市级文明单位称号。

2012年3月中旬，黄店镇被中牟县委、县政府评为2011年度县级文明镇。黄店镇西谢村被中牟县委、县政府评为2011年度县级文明村。

2013年，黄店镇冯家村、武家村被中牟县委评为县级文明村镇。

2015年，黄店镇获得2014年度郑州市文明村镇称号。

2018年，黄店镇组织爱心企业开展“关爱青少年、新春送爱心”慈善活动。辖区获得“县级文明村”称号的行政村有岗陈村、油坊王村、武家村、前杜村、段村。

2019年，黄店镇获得2018年度郑州市文明村镇称号。

2019年，黄店镇评选文明家庭、好婆婆好媳妇、道德模范身边好人82名。同年辖区获得“县级文明村”称号的行政村有八府赵村、打车李村、庵陈村、冉家村、绰王村、王俭村、冯家村、马庄村。

2020年，成立黄店镇新时代文明实践所，辐射全镇21个村级文明实践站。成立1个镇级、21个村级志愿服务队伍，志愿者注册900余人。举办最美人物表彰大会，表彰各类先进人物100余名。开展选树典型活动，选树34名优秀党员、20户文明家庭、13户星级家庭。同年辖区获得“县级文明村”称号的行政村有杓王村、黄店村。

2021年，黄店镇推选并表彰“乡村光荣榜”先进典型247名，组织群众开展朗诵、健步走、下棋等文娱活动29次。同年辖区获得“县级文明村”称号的行政村有罗家村、业王村。

截至2022年，黄店镇已成立新时代文明实践所（站）22个，设立志愿者服务站22个，全镇注册志愿者达1200多人。

**黄店镇农民志愿突击队** 2021年7月，在做好本镇防汛救灾后，组建了黄店镇农民志愿突击队，突击队由6支分队组成，共有129人。秉承“勤劳朴实、英勇无畏、甘于奉献”的农民志愿者精神，在汛期先后赴中牟县法院执行局，韩寺镇小韩村、荣庄村、南岗村、辛庄村等，二七区淮河路办事处、人和路办事处的春江馨园、秀水湾小区、联合雅园、联

黄店镇农民志愿突击队开展救援之一 刘林杰 摄

黄店镇农民志愿突击队开展救援之二 刘林杰 摄

黄店镇农民志愿突击队 刘林杰 摄

合花园等小区，金水区和昌悦澜小区、纬五路第二小学明鸿校区，郑东新区中央花园，管城区十八里河办事处等40多个村(社区)、受灾地点开展救援。同时开创“四六”工作机制：农民志愿突击队的六面旗帜衍生出特色鲜明的六支志愿服务队伍——党员志愿服务队、综合治理服务队、农民志愿突击队、文化志愿服务队、巾帼孝老爱亲服务队、文明交通服务队，根据不同的队伍特点及人员构成参与六类志愿服务。

2021年，黄店镇农民志愿突击队荣获“河南省防汛救灾优秀志愿服务组织”“郑州市防汛救灾身边好人”等称号，事迹分别在人民日报、学习强国、大河网等省级以上媒体平台报道。

## 平安建设

2012年，黄店镇建立完善各村民调组织，继续落实领导包案、领导接访、领导下访，重点解决群众反映的矛盾和问题。依托网格化管理，在全镇7个重点领域共排查出1037个矛盾和问题，妥善办结1012个。

2013年，黄店镇党委、政府拿出专项经费51.5万元，为全镇各行政村、学校、镇区、主要街道安装监控平台及平安互助网，共安装监控平台28个，摄像头100个。镇政府成立30人的专职巡防队伍。

2014年，黄店镇投入资金30余万元，对6个村级综治工作站升级改造，新建监控平台7个，更换高清数码探头140个等。在元旦、春节期间，“3·15”国际消费者权益日，

“五一”国际劳动节，中秋、国庆假期开展 4 次安全生产大检查。

2015 年，先后开展消防安全、建筑施工安全、校园安全、食品安全等专项检查，出动执法车辆 24 车次、工作人员 54 人次，全年未发生安全生产及食品安全事故。

2016 年，出动执法车辆 22 车次、工作人员 54 人次，检查各类餐饮单位 80 余户次。

2017 年，办理镇立案件 5 起，县立案件 17 起，省立 8 起，国立案件 2 起，网投案件 1 起，结案率 100%。

2018 年，开展矛盾排查 12 次，排查不稳定因素 560 起，民调员调解 185 起，调解成功率 99%，解决立案信访案件 23 起，立案督办 260 起，化解积案 17 起，发放积案化解奖励金 3.01 万元。

2019 年，开展矛盾调处化解活动，完成上级交办、自立案件 15 起，完成率 100%。开展矛盾排查 36 次，排查出不稳定因素 260 起，立案督办 35 起。开展危险化学品、烟花爆竹、“防风险除隐患保平安迎大庆”等安全生产专项整治活动 60 余次。

2020 年，组织镇村干部、网格员、志愿者等累计入户 2.4 万户，完成黄店镇积案化解案件约 30 起。投入 20 余万元建成王俭村综治中心，包含派出所、综合治安、村民调解、儿童之家等。

# 乡镇建设

## 规划布局

**城镇用地布局**　《郑州市中牟县黄店镇总体规划（2012—2030 年）》将黄店镇规划形成“三心、三轴、七区、两廊”的布局结构。

三心：构建镇区中部综合服务中心，东北部休闲服务中心，西南部生产服务中心。

三轴：沿顺昌路（刁黄路）、杨柳路分别形成黄店镇区的两条功能发展轴，沿线布局各项公共服务功能；沿解放路形成黄店镇区的空间拓展轴，沿线布局各项生产服务职能，北联系中牟县城，向南联系航空经济示范区。

七区：全镇划分为七个片区，即西南部的产业发展片区、批发集散片区和仓储物流片区，中部的公共服务片区，东北部的康体娱乐片区和两个居住片区。

两廊：沿小清河和侯庄沟形成较宽的滨水绿化通廊，将生态空间引入城市空间。

**绿地系统规划** 黄店镇镇区绿地系统分为镇区公园、居住区公园、街头绿地、防护绿地、附属绿地、广场用地，结合周边绿廊，形成点、线、面相结合的网络型绿地系统，规划绿地与广场用地面积为 117.5 公顷。

**综合交通规划** 镇域东西向联系的主要通道共有三条，分别为东诚路东延、机场快速通道、机场北路东延。南北向联系的主要通道共有三条，分别为广惠街南延、解放路、仓狼公路。

规划镇区形成“四横四纵”的主干路网格局，其中“四横”为东诚路东延、顺祥路、刁黄路、机场快速通道；“四纵”为解放路、杨柳路、东环路、西环路。

**市政公用设施规划** 规划一座黄店水厂，位于杨柳路以西、顺祥路以北，规划供水规模 2.5 万立方米 / 日，主要服务黄店镇片区。规划一座黄店污水处理厂，在海棠路以南、小清河以西，规划规模 2.0 万吨 / 日。镇区东南规划一座 110 千伏变电站。规划区燃气气源为西气东输，从新中牟门站引出，通过九龙调压站出中压管道沿新安路向东到牟南组团。规划黄店热源厂，位于黄店镇南部工业区，解放路西侧。

**环境保护规划** 镇区分为工业仓储生态区、休闲服务生态区、生活居住生态区 3 个生态区。至 2025 年，大气环境质量达到国家二级标准，地表水质达到国家Ⅲ类标准，垃圾无害化处理率达到 100%。

仓储物流片区蔬菜冷库　刘林杰 摄

小清河滨水绿化廊道　马健 摄

225 省道绿化廊道　马健 摄

## 美丽乡村建设

**马庄村** 2019年开始建设美丽乡村示范点。其中步行道铺设4900米，房后路道砖铺设3600米，墙面修整25160平方米，平整用地5278平方米，护坡处造型围墙600平方米，砌筑花池2260米，街口小品景观8个，空闲宅基地做公园修建620平方米，村中心公园修建500平方米，栽植乔木187株、竹类1170株、灌木263株，栽植花卉120平方米，铺种草皮960平方米。建设公共卫生间2个。

**武家村** 2019年开始建设美丽乡村示范点。投入约63.82万元，完成主次干道墙面粉刷与手绘4600平方米。群众屋后地面整理277.2平方米，墙面抹灰244.2平方米，墙面树桩篱笆24000米，块料墙面110平方米。路边石铺设1400米，停车场铺砖580平方米，花坛铺设实心砖墙47.62立方米。栽植乔木885株、花卉90株、灌木80株，栽植绿篱60米，铺种草皮1350平方米，栽植竹类320株。

**冯家村** 2020年投入378.88万元建设美丽乡村项目，铺设道路约1482米，人行道铺设约1366米，混凝土道牙（含村广场）建设约4810米。雨水管道铺设约1622米。种植金森女贞、红叶石楠等绿化植被1584平方米，种植国槐、海棠等553株。成品垃圾桶27个。建设广场5个共1645平方米，条形座凳11个，健身器材16个，花坛16个。

**李　村** 2020年投入418.69万元建设美丽乡村项目，铺设道路1398.5米，沥青路面建设约5594平方米，人行道铺设约1175米，混凝土道牙建设约2797米。雨水管路铺设约1913米。种植大叶黄杨、金森女贞等绿化植被1717平方米，种植国槐、海棠等551株。建设活动广场10个约2064平方米，成品坐凳22个，健身器材9个，花坛16个。

美丽乡村——马庄村　李新华 摄

冯家村居住区公园 李新华 摄

## 道路桥梁

中华人民共和国成立后，辖区有东西大街 3 条，中间 1 条为主要街道，全长 720 米，1989 年铺成渣油路。

1990 年，从黄店到刁家、冯堂、三官庙均有柏油路相通，境内总长 18 千米。

2008 年，全镇实现“村村通”柏油路的目标，总里程 150 千米。

2011 年，镇区道路总长度 1500 米，道路铺装面积 1.8 万平方千米。投入 30 余万元，新修大路张村至罗家村公路 1 千米，新修杓王村公路 1 千米。大路张村新修村内柏油路 1.4 千米。

2012 年，对镇区道路进行升级改造，铺设人行道砖 2 万平方米，安装路灯 50 盏。对西谢、石家、黑李村沿 225 省道两侧，岗陈村沿刁白路两侧，铺设人行道砖 1.2 万平方米，安装路灯 30 盏。对黑李、岗陈、侯庄等村内 3.6 千米主干道进行了硬化。

2013 年，投入近 800 万元，新修打车李社区至刁黄路 3.5 千米的社区道路和涉及武家、李村、马庄、祥付营、绰王、罗家等 6 个行政村总长 4.5 千米的村级道路。

2015 年，投入 535 万元建设打车李社区道路，同年 6 月底完工。

2016 年，完成对打车李社区—祥付营村、打车李社区—八府赵村、杓王村—庵陈村、刁黄路—罗家村等 23 条道路全长 36.8 千米的修建。

## 黄店镇各村路段表

| 路线名称 | 起点名称 | 讫点名称 | 路段<br>路面类型 | 建成<br>时间 / 年 | 最近改建<br>时间 / 年 |
|---|---|---|---|---|---|
| 152 村道—郭庄 | 武家东 | 武家 | 12. 水泥混凝土 | 1970 | 2017 |
| 152 村道—郭庄 | 武家 | 郭庄 | 11. 沥青混凝土 | 1970 | 2008 |
| 李村—梁家南 | 李村 | 梁家南 | 11. 沥青混凝土 | 2005 | 2005 |
| 冯家—段村东 | 冯家 | 段村东 | 12. 水泥混凝土 | 1970 | 2013 |
| 河湾李—河湾李南 | 河湾李 | 河湾李南 | 12. 水泥混凝土 | 2005 | 2020 |
| 岗陈—刁黄路 | 岗陈 | 刁黄路 | 12. 水泥混凝土 | 2008 | 2008 |
| 河湾李东—梁冯路 | 河湾李东 | 河湾李南 | 12. 水泥混凝土 | 2005 | 2005 |
| 河湾李东—梁冯路 | 河湾李南 | 梁冯路 | 12. 水泥混凝土 | 1990 | 2016 |
| 罗家村—沙沃庙 | 罗家村 | 沙沃庙 | 12. 水泥混凝土 | 1970 | 2014 |
| 沟张入点—前马庄西 | 黄店镇与刁家乡交界 | 冯家西 | 12. 水泥混凝土 | 2005 | 2019 |
| 沟张入点—前马庄西 | 冯家西 | 前马庄西 | 11. 沥青混凝土 | 1999 | 2016 |
| 岗陈南—岗陈 | 岗陈南 | 岗陈 | 12. 水泥混凝土 | 1970 | 2012 |
| 马庄—马庄西北 | 马庄 | 马庄西北 | 12. 水泥混凝土 | 2007 | 2018 |
| 庵陈北—油坊王 | 庵陈北 | 油坊王 | 11. 沥青混凝土 | 1990 | 2016 |
| 祥付营西—打车李南 | 祥付营西 | 打车李南 | 12. 水泥混凝土 | 1970 | 2013 |
| 黄店北—178 村道西 | 黄店南 | 178 村道西 | 12. 水泥混凝土 | 1999 | 2009 |
| 油坊王桥—庵陈村东 | 油坊王桥 | 庵陈村东 | 11. 沥青混凝土 | 2006 | 2018 |
| 绰王东—八府赵 | 绰王东 | 八府赵 | 12. 水泥混凝土 | 2013 | 2013 |
| 梁冯路—黄店东 | 梁冯路 | 黄店东 | 11. 沥青混凝土 | 2006 | 2017 |
| 大路张社区—罗家南 | 大路张村东 | 罗家南 | 12. 水泥混凝土 | 2007 | 2020 |
| 梁冯路—罗家北 | 梁冯路 | 罗家北 | 12. 水泥混凝土 | 2006 | 2014 |
| 沙沃庙东接 Y018—起点南 | 沙沃庙东 | 梁冯路 | 12. 水泥混凝土 | 2006 | 2014 |
| 庵陈北—罗家 | 庵陈北 | 罗家 | 12. 水泥混凝土 | 1970 | 2018 |
| 八府赵东—八府赵南 | 八府赵东 | 八府赵南 | 12. 水泥混凝土 | 2016 | 2020 |
| 打车李—打车李南 | 打车李 | 打车李南 | 12. 水泥混凝土 | 2016 | 2016 |
| 八府赵西—037 乡道 | 八府赵西 | 037 乡道 | 12. 水泥混凝土 | 2015 | 2015 |
| 打车李社区—打车李 | 打车李社区 | 打车李 | 12. 水泥混凝土 | 2015 | 2015 |
| 八府赵西—打车李南 | 八府赵西 | 打车李南 | 12. 水泥混凝土 | 2015 | 2015 |
| 杓王北—示范园北 | 杓王北 | 示范园北 | 12. 水泥混凝土 | 2018 | 2018 |

续表

| 路线名称 | 起点名称 | 讫点名称 | 路段路面类型 | 建成时间 / 年 | 最近改建时间 / 年 |
|---|---|---|---|---|---|
| 祥付营北—祥付营 | 祥付营北 | 祥付营 | 12. 水泥混凝土 | 2015 | 2015 |
| 庵陈北—庵陈东 | 庵陈北 | 庵陈东 | 12. 水泥混凝土 | 2010 | 2010 |
| 黄店东—东接 Y056 | 黄店东 | 东接 Y056 | 12. 水泥混凝土 | 2015 | 2019 |
| 224 省道（中刁路）—八府赵 | 杓王北 | 杓王 | 12. 水泥混凝土 | 1970 | 2017 |
| 224 省道（中刁路）—八府赵 | 杓王 | 八府赵 | 12. 水泥混凝土 | 1981 | 2018 |
| 225 省道—中牟县与港区界 | 225 省道 | 刁黄路 | 11. 沥青混凝土 | 1970 | 2017 |
| 225 省道—中牟县与港区界 | 刁黄路 | 中牟县与港区界 | 11. 沥青混凝土 | 1970 | 2018 |
| 020 县道—绰王南 | 姚家与黄店交界 | 李村北 | 11. 沥青混凝土 | 1989 | 2008 |
| 020 县道—绰王南 | 李村北 | 刁黄路 | 12. 水泥混凝土 | 1989 | 2006 |
| 寓李东—段村 | 黄店与刁家交界 | 八府赵 | 11. 沥青混凝土 | 1992 | 2016 |
| 寓李东—段村 | 八府赵 | 段村 | 12. 水泥混凝土 | 1992 | 2016 |
| 刁黄路—石家 | 河田 | 石家 | 12. 水泥混凝土 | 1970 | 2017 |
| 刁黄路—打车李 | 刁黄路 | 打车李北 | 12. 水泥混凝土 | 2013 | 2013 |
| 刁黄路—打车李 | 打车李北 | 打车李 | 12. 水泥混凝土 | 2013 | 2018 |
| 刁黄路—绰王南 | 刁黄路 | 油坊王东 | 12. 水泥混凝土 | 1989 | 2018 |
| 刁黄路—绰王南 | 油坊王东 | 油坊王桥 | 11. 沥青混凝土 | 1989 | 2006 |
| 刁黄路—绰王南 | 油坊王桥 | 绰王南 | 12. 水泥混凝土 | 1989 | 2014 |
| 打车李社区南—绰王 | 打车李社区 | 绰王 | 12. 水泥混凝土 | 2016 | 2016 |
| 王俭—223 省道 | 王俭 | 223 省道 | 12. 水泥混凝土 | 2017 | 2017 |
| 袁家—祥付营东 | 袁家 | 绰王 | 11. 沥青混凝土 | 1989 | 2015 |
| 袁家—祥付营东 | 绰王 | 祥付营北 | 12. 水泥混凝土 | 1989 | 2015 |
| 袁家—祥付营东 | 祥付营东 | 八府赵 | 12. 水泥混凝土 | 2008 | 2015 |
| 袁家—祥付营东 | 祥付营北 | 祥付营东 | 12. 水泥混凝土 | 2008 | 2015 |
| 冉家东—中牟县与港区界 | 冉家东 | 冉家西 | 11. 沥青混凝土 | 2010 | 2019 |
| 冉家东—中牟县与港区界 | 冉家西 | 中牟县与港区界 | 12. 水泥混凝土 | 2010 | 2019 |
| 冯家—小丁庄 | 冯家 | 小丁庄 | 11. 沥青混凝土 | 2015 | 2015 |
| 冯家—小丁庄 | 后杜南 | 小丁庄 | 12. 水泥混凝土 | 2015 | 2015 |

2017 年，铺设黄武路等交通干道 6.1 千米，前杜村—王俭村等通村公路 5.1 千米，王俭村等村内道路 3.7 千米，黄店镇镇区道路 2.5 千米，打车李社区道路 9.8 千米，共计 27.2 千米。至此，黄店镇西部紧邻 225 省道，中部刁黄路横贯东西，南部迎宾大道穿境而过，安罗高速下站口在黄店境内。225 省道、黄武路、梁冯路、打车李社区道路纵穿南北，刁黄公路、罗家至杓王、袁家至祥付营等道路横贯东西。

2018 年，实施道路提升工程，共投入 6544.72 万元，共计 59.367 千米。完成马庄、武家、段村 3 个村道路建设，杓王—祥付营、前杜—东谢、庵陈—绰王、段村村内、庵陈村内等道路通车。将黄店村大街和南街建成柏油路，安装太阳能路灯，北街修建水泥路。317 省道项目黄店辖区 4.972 千米，仅用 10 天时间完成征地清障工作。

2019 年，以“四好农村路”为抓手，完成黄武路、社区路等 13 条道路路肩及路面提升工程。梁冯路绿化栽种树木 5000 余棵，路肩填土 10000 余方，清理路边垃圾、杂草 6000 余方。完成 4 个行政村村内道路 2.5 千米新建工程。

2020 年，辖区新建道路 23 条，面积 131134 平方米，路肩铺砖 15800 平方米，硬化 19450 平方米。新建田间道路 8010.3 米。

2021 年，辖区新建道路 6 条，完成刁黄路至小丁庄、绰王村道、庵陈村道、梁冯路至小丁庄、梁冯路至冉家村、绰王村至 317 省道道路建设。截至目前，户户通项目完成 5 个行政村村内道路修建，涉及庵陈村、岗陈村、王俭村、冉家村、打车李村。

**安罗高速** 从黄店镇东部经过，宽 50 米，1 级公路，2018 年通车，在辖区内有一个出入口和一个服务区，服务区占地 200 多亩。

**317 省道** 涉及黄店全长 4.1 千米，宽 42 米，1 级公路，2021 年通车。

**225 省道** 涉及黄店全长 3 千米，宽 12 米，2 级公路，2013 年通车。

2008 年，黄店镇政府筹集 100 万元修建了梁冯公路大桥。

2011 年末，修建桥梁 3 座，总长度 150 米。

2014 年，修建生产桥 7 座。

2015 年，新修丈八沟桥等桥梁 3 座。

2018 年，两座小清河桥桥涵建成并投入使用。

**黄店桥** 在黄店村西北隅，黑李至刁家公路上，跨小清河，原系木桥。1964 年改建为钢筋混凝土灌注桩盖板桥。有六孔，单孔跨径 5.3 米，长 33.8 米，宽 4.6 米，栏杆高 1 米。载重负荷汽车 10 吨，拖挂车 60 吨，系沟通中三公路与中刁公路的一座重要桥梁。

安罗高速公路　马健 摄

225 省道　马健 摄

丈八沟桥　马健 摄

## 公共交通

黄店镇有直发郑州市区、中牟县城的客车。

黄店镇至中牟县城的公交路线主要包括：孙家—中牟，八府赵—中牟，冯堂—中牟，祥付营—中牟。全镇村村通公共汽车。

## 供　水

2011 年，中牟县完成 2 批户户通安全饮水工程建设，建设集中供水工程 3 处，管网延伸工程 1 处，涉及黄店镇等 3 个乡镇。

2012 年，黄店村所有住户用上自来水。

2014 年，辖区自来水管网覆盖黄店、罗家、袁家、王俭等 6 个行政村，完成水厂至打车李社区的自来水管道铺设。

2015 年，辖区新打机井 5 眼，铺设自来水管线 4160 米，在冉家、袁家、庵陈 3 个行政村实施农村安全饮水工程。

2016 年，打车李社区实施自来水工程。

2017 年，投入 1290 万元，对武家、段村、绰王等 10 个村实施自来水安装工程。同年，袁家社区实施自来水工程。截至 2017 年末，黄店镇实现安全饮水工程全覆盖。

## 供 电

1990 年，辖区有变压器 61 台，变压容量 3775 千伏安，架高压线路 44 千米，低压线路 134 千米。

2008 年，辖区有变压器 132 台，电力线路 230 千米，其中高压线路 74 千米，年用电 341 万度。

2011 年，辖区拥有 110 千伏变电站 1 座，主变压器 1 台，总容量 5 兆伏安，年售电量累计 1780 万千瓦时，综合电压合格率 92%，供电可靠率 99.50%。

2017 年，在“井井通”项目中，投入 2000 万元，新建变压器 56 座，铺设电缆线 220 千米，改善了全镇灌溉用电设施。

2018 年，电力农网改造项目投入 970 万元，涉及 17 个行政村，规划安装 10 千伏线路 6.4 千米、400 伏线路 31.7 千米，安装 25 台变压器。

## 供 气

2015 年，黄店镇天然气管道工程实施，从社区道路埋管道至打车李社区。2020 年黄武路管道实施完毕，黄武路沿线村庄管道安装完毕。截至 2022 年，辖区除打车李村、黄店村、冯家村通天然气外，其他村均未通。

## 供 暖

2020 年，打车李村、打车李社区实现集中供暖。2021 年，天然气管道沿梁冯路铺设，全线贯穿梁冯路两侧村庄，解决两侧村庄天然气供暖问题。

## 排 水

2011 年，投入 20 余万元对镇区排水管网进行了升级改造。

2015 年，完成打车李社区雨污水管网工程。

2017 年，完成李村社区雨污水管网工程。

2018 年，完成袁家社区雨污管网工程。启动农村生活污水管网项目。

2019 年，推进农村污水管网建设，第一批开工 11 个行政村，其中冯家村、八府赵村投入运营。建成镇区 4 个污水泵站。

2020 年，完成罗家、袁家、冉家、打车李、杓王、王俭、黄店、李村 8 个行政村的污水管网建设 1 万余米，建成镇区污水处理系统。

2022 年，完成祥付营村的污水管网建设 4200 米。

## 绿 化

镇区长期坚持退耕还林、绿化荒山荒坡、拆违补绿、植树造林等措施，目前全镇绿化覆盖率达 30%。

中华人民共和国成立后，镇区多次开展植树造林活动，淘汰老树种，种植适应性强、外形美观的绿化树种。进入 21 世纪后，镇区加大绿化美化工作力度，大面积种植生态片

林，在主次干道两侧分层次进行绿化，达到“绿成荫、花成园”的效果。截至2020年底，已完成机西高速廊道绿化384.82亩，在黄武路、梁冯路等公路两侧栽植绿化树木。村民在房前屋后设立菜园花园种植蔬菜花草，把荒宅荒园打造成游园花园。对新建的社区按照标准绿化美化，确保小区绿地面积达标，提升农村人居环境。

## 环境卫生

2011年，对西谢村和冯家村600户进行改厕，并通过了市、县两级检查验收。

2012年，全镇投入210万元，修建垃圾池1280个。配备环卫工150人，购置垃圾清运车73辆。新建公厕2座。粉刷街道墙壁118万平方米。制定了环卫工人管理制度，对环卫工人实行责任分工，划片分段，全天保洁。

2013年，黄店镇被评为郑州市2013年度城乡综合考评先进乡镇和中牟县环境保护工作先进单位。

2014年，投入12万元开展秸秆禁烧工作。全年共拆除违建19处，拆除面积2810平方米。

2015年，淘汰黄标车40辆。在农作物秸秆资源化利用和禁烧工作中，辖区建立了镇、村、组三级巡防制度，抽调12名机关干部充实到巡逻队伍中。

2016年，打车李社区垃圾中转站基本完工。新招录巡防队员15人，编成3个巡逻中队，

环卫洒水车 刘林杰 摄

建立镇村巡逻机制。

2017年，辖区投入300万元，由美丽家园公司负责对黄店镇环境卫生进行托管。对全镇6501户群众进行环保宣讲。依法拆除小散乱污企业45家。覆盖防尘网2万余平方米。

2018年，辖区开展全程清洁集中行动8次、“十乱”现象集中整治50余次。开展“蓝天工程”，投入10万元安装喷淋、消防设施，投入130万元购置抑尘车、洗扫车和消防车。建立巡河台账，镇村两级河长累计巡河984人次，对县级交办和自查问题进行集中整治40余件。

2019年，实行网格化管理，镇村两级共护共管，共开展集中整治50余次，规范主、次干道乱摆摊设点、占道经营500余起。共出动洒水车1300余车次，垃圾清运车1500余车次，清理垃圾2625.12吨。河道保洁管护中，镇村两级巡河员共巡河8735人次，清理垃圾20余吨，封堵污水口2处，建设污水提升泵站4处。

2020年，辖区“清四乱”和“三污一净”专项整治活动中，共整治不低于17处“乱占”“乱堆”现象，清理河道不低于7千米，完成巡河3000余次。实施散煤治理和双改工作，开展巡查36次。冯家等7个村成功创建市级卫生村，前杜、武家、黄店、马庄、段村等5个村成功创建省级卫生村，黄店镇成功创建省级卫生镇。

# 党建政事

## 中共中牟县黄店镇委员会

1948年10月，中牟县设大孟、董岗、冉庄、八岗、岗王、丁庄共6个区委，镇区属岗王区委。

1950年8月，设黄店区委。

1951年，中牟县设8个区委，辖区属第七区区委。

1955年9月，中牟县设东漳、白沙、三官庙、姚家共4个区委，辖区属姚家区委。

1955年12月，中牟县设1个镇党委和41个乡党委，含黄店乡党委。

1956年12月，中牟县设1个镇党委和21个中心乡党委，含黄店中心乡党委。

1958年7月，中牟县设1个镇党委和9个乡党委，含黄店乡党委。

1958年8月，乡镇改称人民公社，设黄店人民公社党委。

1961 年 8 月，设黄店区党委。

1963 年 2 月，区改称人民公社，成立黄店人民公社党委。

1970 年 2 月，设黄店公社革命委员会党的核心小组。

1971 年，黄店公社革命委员会党的核心小组恢复为黄店公社党委。

1983 年 11 月，黄店公社党委改称中共黄店乡党委。

2000 年 10 月，撤乡建镇，成立中共黄店镇委员会。

2011 年 4 月，中共黄店镇第八次代表大会召开。

2014 年 4 月，中共黄店镇第九届代表大会第二次全体会议召开。

2015 年 3 月，中共黄店镇第九届代表大会第三次全体会议召开。

2016 年 5 月，中共黄店镇第十次代表大会召开。

2017 年 2 月，中共黄店镇第三届代表大会第二次全体会议召开。

2019 年 3 月，中共黄店镇第三届代表大会第三次全体会议召开。

2020 年 6 月，中共黄店镇第三届代表大会第四次全体会议召开。

2021 年 5 月，中共黄店镇第四次代表大会召开。

2021 年 6 月，中共黄店镇第四届代表大会第二次全体会议召开。

截至 2022 年底，中共黄店镇委员会下辖党委 1 个，党总支 2 个，党支部 35 个，党员 1211 名，预备党员 22 名。

黄店镇庆祝建党 100 周年文艺汇演　刘林杰 摄

## 黄店镇人民代表大会

2012 年 3 月，黄店镇十四届人大一次会议召开。

2013 年 4 月，黄店镇十四届人大二次会议召开。

2014 年 3 月，黄店镇十四届人大三次会议召开。

2015 年 3 月，黄店镇十四届人大四次会议召开。

2016 年 2 月，黄店镇十四届人大五次会议召开。

2017 年 2 月，黄店镇十五届人大一次会议召开。

2017 年 8 月，黄店镇十五届人大二次会议召开。

2018 年 3 月，黄店镇十五届人大三次会议召开。

2018 年 8 月，黄店镇十五届人大四次会议召开。

2019 年 3 月，黄店镇十五届人大五次会议召开。

2019 年 12 月，黄店镇十五届人大六次会议召开。

2020 年 6 月，黄店镇十五届人大七次会议召开。

2021 年 6 月，黄店镇十五届人大八次会议召开。

2022 年 4 月，黄店镇十六届人大一次会议召开。

## 黄店镇人民政府

1948 年 10 月，中牟县设大孟、董岗、冉庄、八岗、岗王、丁庄共 6 个区，辖区属岗王区政府。

1950 年 8 月，成立黄店区政府。

1951 年，中牟县设 8 个区，辖区属第七区政府。

1955 年 9 月，中牟县设东漳、白沙、三官庙、姚家共 4 个区，辖区属姚家区政府。

1955 年 12 月，中牟县设 41 个乡 1 个镇，成立黄店乡政府。

1956 年 12 月，中牟县设 21 个中心乡 1 个镇，成立黄店中心乡政府。

1958 年 7 月，中牟县设 9 个乡 1 个镇，成立黄店乡政府。

1958 年 8 月，乡镇改人民公社，成立黄店人民公社。

1961 年 8 月，中牟县设 1 个镇 5 个区，成立黄店区政府。

1963 年 2 月，区改称人民公社，成立黄店人民公社。

1970 年 2 月，成立黄店人民公社革命委员会。

1971 年，公社革命委员会恢复为人民公社，成立黄店人民公社。

1983 年 11 月，中牟县 19 个公社划为 18 个乡 1 个镇，成立黄店乡人民政府。

2000 年 10 月，撤乡设镇，成立黄店镇人民政府，镇政府驻地黄店村。

## 政 协

2012 年，辖区设立政协工委，并按《中牟县关于加强乡（镇、街道）政协工作委员会建设的实施意见》要求，全部达到有人员、有场所、有经费、有牌子、有印章、有制度的“六有”标准。结合工委建设，高标准新建了黄店等 5 个“委员之家”，实现了规章制度、宣传版面、书架书籍、议事桌椅、活动器材等“委员之家”五齐全。

黄店镇妇联“庆六一 迎端午 巾帼暖心”主题活动 刘林杰 摄

## 群团组织

**工 会** 1994 年 8 月，黄店乡工会工作委员会成立。2000 年 10 月，辖区撤乡换镇，成立黄店镇工会工作委员会，主要工作内容包括推进基层工会规范化建设、维护职工合法权益、开展各类文体活动等。

截至 2022 年底，下辖 26 个基层工会（21 个村级工会、4 个非公企业工会、1 个机关单位工会），926 名会员，镇工会设主席 1 名，专职副主席 1 名。

**共青团黄店镇委员会** 1995 年 12 月，共青团黄店乡第十一次代表大会召开。2018 年 8 月，共青团黄店镇召开第一次代表大会，共青团黄店镇第一届委员会产生。2021 年 3 月召开村团员大会，完成 21 个行政村团支部换届，设团镇委书记 1 名。

**妇　联**　1956年，黄店镇妇女联合会（简称“妇联”）成立，驻地黄店镇人民政府。主要职责是组织妇女，引导妇女、服务妇女和维护妇女儿童合法权益。2013年6月，妇联成立打车李村儿童之家。2018年10月，成立岗陈村儿童之家。2020年1月，成立王俭村儿童快乐之家。

2022年底，辖区有镇主管领导1名，镇妇联主席1名，镇妇联副主席1名，村级妇女委员21名。

## 荣誉称号

黄店镇历年获得荣誉统计表

| 序号 | 获奖单位 | 荣誉称号 | 颁奖单位 | 获奖时间/年 |
|---|---|---|---|---|
| 1 | 黄店镇政府 | 2003年度郑州市平原绿化高级达标先进乡镇 | 郑州市人民政府 | 2004 |
| 2 | 黄店税务分局 | 市级文明单位 | 郑州市文明办 | 2008 |
| 3 | 黄店镇政府 | 郑州市乡级政府统计基础建设示范单位（2009—2011） | 郑州市统计局 | 2011 |
| 4 | 黄店镇政府 | 2011年度县级文明镇 | 郑州市人民政府 | 2012 |
| 5 | 黄店镇黄店村 | 中牟县黄店镇黄店村省级卫生村（2013—2016） | 河南省爱国卫生运动委员会 | 2013 |
| 6 | 黄店镇政府 | 2013年度城乡综合考评先进乡镇 | 郑州市人民政府 | 2013 |
| 7 | 黄店镇马庄村 | 郑州市卫生村（2014—2018） | 郑州市爱国卫生运动委员会 | 2014 |
| 8 | 黄店镇政府 | 郑州市老干部工作先进单位 | 郑州市人民政府 | 2014 |
| 9 | 黄店镇政府 | 郑州市小城镇建设一类乡镇 | 郑州市人民政府 | 2015 |
| 10 | 黄店镇政府 | 中牟县黄店镇离退休干部党支部全市离退休干部先进集体 | 中共郑州市委组织部、中共市委老干部局 | 2015 |
| 11 | 黄店镇政府 | 郑州市厂务公开民主管理示范单位 | 郑州市厂务公开领导小组 | 2015 |
| 12 | 黄店镇政府 | 2016年度郑州市村镇建设工作先进单位 | 郑州市城乡建设委员会 | 2017 |
| 13 | 黄店镇 | 郑州市文明村镇 | 中共郑州市委办公厅 | 2019 |
| 14 | 黄店镇马庄村 | 市级生态文明村 | 郑州市林业局 | 2019 |
| 15 | 黄店镇政府 | 2019年度郑州市人力资源社会保障系统脱贫攻坚先进单位 | 郑州市人力资源社会保障局 | 2020 |
| 16 | 黄店镇 | 2020年度“河南省卫生乡镇” | 河南省爱卫会办公室 | 2021 |

# 镇域经济

黄店镇是传统的农业镇。镇域经济长期以农业生产为主，种植小麦、玉米等粮食作物。中华人民共和国成立后，扩大了大蒜、棉花、花生、蔬菜、西瓜等经济作物的种植面积。2000 年，黄店镇粮食作物种植面积、粮食总产量分别居中牟县第 4 位和第 7 位。

进入 21 世纪，黄店镇发展特色产业种植，种植草莓、西瓜、蜜薯等特色农产品，同时发展田园采摘经济，打造休闲采摘示范基地。2020 年以来，黄店镇利用“特色农产品＋互联网”的方式，发展电商平台，销售草莓、西瓜、蜜薯等特色农产品，成为农村经济新的增长点。

# 发展历程

黄店镇地势平坦、土质松软，适宜多种作物种植，是农业大镇。中华人民共和国成立前，种植业是主要产业，养殖业为辅助产业。种植业以小麦、大蒜、玉米、花生为主；畜牧业以养牛、猪、羊等家禽为主。因辖区内有部分沙丘、沙垄，加上离黄河较近，风沙严重，因此影响粮食种植，经济发展较慢。

20 世纪五六十年代，经过长期植树造林、防风固沙，辖区大部分沙丘、沙垄被固定。这一时期，辖区以农业生产为主，在种植传统农作物的基础上不断引进新品种，粮食产量有所提高，农业生产发展加快。

20 世纪 80 年代，黄店乡政府在稳定粮食生产的基础上，进一步扩大经济作物种植面积，推广优良品种，用科技提高粮食单产，增加总产。同时，畜牧业和林果业在原有基础上增加新品种，培育大型养殖企业，扩大果园面积。

20 世纪 90 年代，黄店乡注重发展乡镇企业，兴办了棉花厂、预制厂、食品加工厂等企业，农户开办的有铁业、木业、编织、建筑等行业企业。

21 世纪初，黄店镇政府注重发展工业经济，对工业企业制定优惠政策，在税收、征地等方面给予优惠，优化工业发展环境，城镇经济状况进一步发展。至 2008 年，镇域规

耕地　马健 摄

规模工业企业　马健　摄

模以上工业收入680万元，招商引资到位资金3600万元；社会固定资产投资完成2.4亿元；第一、第二、第三产业百分比例是：26 ∶ 34 ∶ 30。

2011年，黄店镇引进域外境内资金0.24亿元。河南省九安牧业有限公司、郑州市汇德牧业发展有限公司、郑州市红孩奶牛养殖有限责任公司、郑州市绿牧养殖有限公司、河南省茂源林业开发有限公司5家企业分别在黄店镇西谢村、李村、前杜村、业王村、杓王村落户。

2013年起，黄店镇优化种植结构，发展特色产业，种植大棚蔬菜、大棚西瓜、大棚草莓等，提高了群众经济收入。

2015年起，黄店镇发展田园采摘经济，流转土地约800亩，建设机西高速廊道田园风光带、杓王晚秋黄梨采摘园、段村礼品西瓜采摘园等休闲采摘示范基地，打造武家草莓、段村西瓜、西谢蜜薯、前杜葡萄、打车李黄桃、袁家菜豆等特色农产品。

至2022年，除了农林牧业全面发展外，特色产业发展促进了黄店镇农业增效、农民增收。2021年完成GDP总量105612万元，社会消费品零售总额39373万元，城乡居民人均可支配收入17896元。

段村大棚蔬菜 马健 摄

## 黄店镇 2010—2021 年生产总值及财政收入统计表

| 指标<br>年份 | GDP（万元） | 固定资产投资 / 万元 | 规模以上工业增加值 / 万元 | 社会消费品零售总额 / 万元 | 人均收入 / 元 | 一般公共预算收入 / 万元 |
|---|---|---|---|---|---|---|
| 2010 | 57554 | — | 637 | — | 6848 | 802 |
| 2011 | 27912 | 4320 | 790 | — | 4473 | 854 |
| 2012 | 70541 | 49920 | 2262 | — | 9521 | 997 |
| 2013 | 46105 | 20961 | 830 | 32505 | 10664 | 1341 |
| 2014 | 51137 | 684 | 930 | 25439 | 11698 | 729 |
| 2015 | 55853 | 2991 | 2230 | 29868 | 12636 | 553 |
| 2016 | 63046 | 18517 | 2041 | 33491 | 13533 | 540 |
| 2017 | 67532 | 17096 | 1284 | 39678 | 14575 | 1179 |
| 2018 | 80243 | — | 2104.9 | 42800 | 15828 | 1411 |
| 2019 | 112150 | 42191 | — | 46371 | — | 2256 |
| 2020 | 102378 | 7680 | — | 36884 | 17126 | 1814 |
| 2021 | 105612 | 17082 | 5119.9 | 39373 | 17896 | 1583 |

# 农 业

## 耕 地

中华人民共和国成立前，镇区耕地分配不合理，广大农民少地或无地。中华人民共和国成立后，国家颁布了《土地改革法》，1951 年，辖区各村开展土地改革运动，广大农民分得了土地。

1956 年，全国掀起农业合作化高潮，镇区各村农民带土地、牲口等生产资料加入农业合作社，后转入高级社。1958 年全国掀起人民公社化高潮，高级社转入人民公社，公社在生产上实行统一调度。

改革开放以后，辖区各生产队按人口将土地承包给各户，但土地的所有权仍属集体所有，社员对承包的土地只有使用权，没有买卖权，农户上缴公粮和缴纳各项提留后，剩余的粮食全部归农户所有。

到 20 世纪末，黄店乡耕地面积 65842.5 亩，人均耕地面积 1.36 亩。

2000 年，黄店镇耕地面积 62445 亩。

2008 年，黄店镇耕地面积 58729 亩，人均耕地面积 1.46 亩。

2011 年，黄店镇耕地面积 58729 亩，人均耕地面积 1.45 亩。

2014 年，河南省政府下发《关于开展农村土地承包经营权确权登记颁证试点工作的意见》，郑州市选定中牟县黄店镇祥付营村、荥阳市王村镇段坊村等 5 个村作为 2014 年确权登记颁证试点村，5 个村共涉及 34 个村民小组 1793 户农户，家庭承包耕地面积为 9829.95 亩。

2015 年，黄店镇流转土地 2700 余亩，实现了全镇土地流转零突破。

2016 年，黄店镇流转土地 2000 余亩。

2018 年，黄店镇耕地面积 39294 亩，人均耕地面积 1.26 亩。

2019 年，黄店镇耕地面积 39294 亩，人均耕地面积 1.26 亩。

2020 年，黄店镇耕地面积 39294 亩，人均耕地面积 1.2 亩。

2021 年，黄店镇耕地面积 39294 亩，人均耕地面积 1.22 亩。

粮食作物种植　马健 摄

## 粮食作物

明、清时期，镇区一带各村庄种植的粮食作物种类有：黍（谷子）、稷、麦、高粱、红薯等。民国时期主要种植小麦、大麦、高粱、玉米、谷子、红薯等。

中华人民共和国成立后，镇区一带仍以种植小麦、玉米、红薯为主，谷子、荞麦、大麦等作物因产量低而种植减少。

1990 年，黄店乡粮食作物播种面积 65550 亩，总产量 16276 吨。

2000 年，黄店镇粮食作物播种面积 66300 亩，总产量 20588 吨。其中小麦种植面积 37545 亩，产量 10165 吨；玉米种植面积 13725 亩，产量 4821 吨；高粱种植面积 1020 亩，产量 239 吨。

2001 年，黄店镇粮食作物播种面积 62295 亩，总产量 21107 吨。其中小麦种植面积 33450 亩，产量 10260 吨；玉米种植面积 15615 亩，产量 6012 吨；高粱种植面积 660 亩，产量 151 吨。

2002 年，黄店镇粮食作物播种面积 61845 亩，总产量 20071 吨。其中小麦种植面积 32670 亩，产量 8929 吨；玉米种植面积 16275 亩，产量 6374 吨；高粱种植面积 660 亩，产量 165 吨。

2003 年，黄店镇粮食作物播种面积 60825 亩，总产量 20268 吨。其中小麦种植面积 29415 亩，产量 9130 吨；玉米种植面积 17595 亩，产量 5967 吨；高粱种植面积 495 亩，产量 57 吨。

2008 年，黄店镇用科技手段提高粮食单产，增加总产，当年小麦种植面积 27375 亩，产量 10170 吨；玉米种植面积 21870 亩，产量 9128 吨。

2011 年，黄店镇以夏粮生产为重点，抓好秋粮生产和秋播工作，保证了粮食丰产丰收。当年小麦种植面积 32145 亩，产量 13102 吨；玉米种植面积 23160 亩。

2012 年，黄店镇加强农田水利和农业设施建设，支持农民秸秆还田，增施有机肥，培肥地力，建立农田实施管护机制。当年小麦种植面积 35325 亩，产量 14733 吨；玉米种植面积 23355 亩，产量 10330 吨。

2014 年，在国家种粮补贴等惠农政策的推动下，黄店镇在加强农业基础设施建设的同时，不断推广农业新品种、新技术，引导群众从传统农业向高效农业、生态农业、设施农业发展，当年粮食总产量 1.7 万吨。

2015 年，黄店镇夏粮生产获得丰收，粮食总产量 1.8 万吨。

2016 年，黄店镇粮食总产量 1.7 万吨。

2017 年，黄店镇落实中央一号文件精神，促进粮食稳产，粮食总产量 0.9 万吨。

黄店麦收　马健摄

玉米收获　马健 摄

2018 年，黄店镇加快农业转型升级，优化农业产业结构，促进粮食稳产增收。

2019 年，黄店镇粮食作物播种面积 32280 亩，总产量 13686 吨。其中玉米种植面积 9900 亩，产量 4025 吨；高粱种植面积 495 亩，产量 57 吨。

2020 年，黄店镇粮食总产量 1.2 万吨，其中小麦种植面积 17565 亩，产量 7342 吨；玉米种植面积 10380 亩，产量 4419 吨。

2021 年，黄店镇粮食总产量 1.56 万吨，其中小麦种植面积 13500 亩，产量 8100 吨；玉米种植面积 12500 亩，产量 7500 吨。

## 经济作物

镇区各村的经济作物主要有棉花、豆子（包括黑豆、绿豆、豌豆、扁豆等）、花生、蔬菜、西瓜、大蒜、油菜、芝麻等。这些作物与人民生活息息相关，种植历史悠久。

大蒜种植　马健 摄

20 世纪 90 年代末，黄店乡大面积推广大棚花菇生产，产品远销省内外。1990 年，棉花产量 110 吨，油料作物产量 84 吨。

21 世纪初，黄店镇大蒜、蔬菜、小麦、水稻、花生等农作物基本实现配方施肥。黄店镇发展大棚秋后辣椒种植，对选定地块进行土壤测试，并将结果输入电脑，以先进手段选择施肥配方，取得良好效果，获得增产增收。

2000 年，黄店镇花生种植面积和产量居中牟县第 4 位，花生种植面积 21330 亩，产量 4870 吨；豆类种植面积 1110 亩，产量 199 吨；油料作物种植面积 23310 亩，产量 5069 吨；油菜种植面积 1470 亩，产量 167 吨；蔬菜种植面积 4800 亩，产量 5446 吨；芝麻种植面积 510 亩，产量 32 吨；棉花种植面积 600 亩，产量 51 吨；烟叶种植面积 6945 亩，产量 1183 吨；瓜类种植面积 6330 亩，产量 8878 吨。

2001 年，大蒜种植面积 4245 亩，产量 2980 吨；豆类种植面积 1305 亩，产量 328 吨；油料作物种植面积 25440 亩，产量 5799 吨；花生种植面积 22785 亩，产量 5476 吨；油菜种植面积 2235 亩，产量 296 吨；蔬菜种植面积 16380 亩，产量 17102 吨；芝麻种植面积 420 亩，产量 27 吨；棉花种植面积 900 亩，产量 93 吨；烟叶种植面积 1305 亩，产量 188 吨；瓜类种植面积 7140 亩，产量 10431 吨。

大蒜丰收　马健 摄

大蒜冷库仓储 马健 摄

2002 年，大蒜种植面积 4245 亩，产量 2980 吨；豆类种植面积 1110 亩，产量 253 吨；花生种植面积 23100 亩，产量 5758 吨；油菜种植面积 3720 亩，产量 473 吨；蔬菜种植面积 24915 亩，产量 26718 吨；芝麻种植面积 285 亩，产量 19 吨；棉花种植面积 1005 亩，产量 111 吨；烟叶种植面积 4500 亩，产量 855 吨；瓜类种植面积 7500 亩，产量 11488 吨。

2003 年，豆类种植面积 1110 亩，产量 253 吨；花生种植面积 26610 亩，产量 6646 吨；油菜种植面积 2220 亩，产量 289 吨；蔬菜种植面积 17700 亩，产量 8749 吨；芝麻种植面积 240 亩，产量 14 吨；棉花种植面积 1365 亩，产量 125 吨；烟叶种植面积 225 亩，产量 42 吨；瓜类种植面积 8430 亩，产量 12452 吨。

2008 年，黄店镇进一步扩大经济作物种植面积，坚持推广优良品种，蔬菜种植面积 17380 亩，产量 18932 吨。

2011 年，大蒜种植面积 14955 亩，产量 20763 吨；花生种植面积 27705 亩；棉花种植面积 1000 亩，产量 103 吨；油料作物种植面积 2.8 万亩，产量 9695 吨；蔬菜种植面积 1.6 万亩，产量 20763 吨。

2012年，大蒜种植面积15075亩，产量22618吨；花生种植面积27705亩，产量9729吨。

2013年5月，黄店镇庵陈村、武家村和杓王村成立蒜苗、瓜果蔬菜种植专业合作社，有450户群众参加。当年建蔬菜大棚500座，占地500亩，每座大棚年均收益2.5万元。

2015年，黄店镇引进草莓种植项目，占地200余亩，投资1000万元；段村、武家、庵陈等村发展大棚蔬菜、大棚西瓜。

2016年，黄店镇引进河南省水利科学研究院、河南鸿太农产品开发有限公司、中牟县牟味源农牧专业养殖合作社、郑州金牟园农业发展有限公司、中牟县寿圣农业科技发展有限公司等农业企业7个。其中鸿太农业种植秋葵、美人椒等，伟峰农业建成草莓大棚。段村、马庄、庵陈、武家等村发展大棚蔬菜、大棚西瓜600余座，产量达200万斤，收益100余万元。杓王、祥付营等村种植露天土豆，收入60余万元。

2018年，黄店镇建成高效日光温室大棚46座。

2019年，黄店镇花生种植面积1.2万亩，产量4032吨；油料作物种植面积1.2万亩，产量4032吨；蔬菜种植面积21345亩，产量47829吨；瓜类种植面积3345亩，产量9574吨；草莓种植面积315亩，产量638吨。

2020年，黄店镇建成高效种植大棚437座，主要集中在武家村、马庄村、段村、李村、前杜、打车李、庵陈等行政村，主要种植草莓、西瓜、蜜薯、葡萄、黄桃、菜豆等特色产品。

花生收获之一 马健 摄

花生收获之二 马健 摄

高效种植大棚 马健 摄

# 林果业

## 林 业

中华人民共和国成立前，黄店镇种植的树种主要有柳树、杨树、槐树、榆树、桑树、柏树、椿树、楝树等。中华人民共和国成立后，镇域范围内多次进行植树造林活动，一些老树种被淘汰，一些适应性强、生长快、材质好的树种被引进。

1990 年，黄店镇有林地 14301.4 亩，其中用材林 1 万亩，“四旁”（宅旁、村旁、路旁、水旁）植树 350 万株。

2000 年，黄店镇人工造林作业总面积 1260 亩，用材林 1200 亩，幼林抚育面积 450 亩，成林抚育面积 300 亩，零星“四旁”植树 24 万株，农田林网树 3.2 万株。

2011 年，黄店镇完成植树造林 2100 亩。其中生态片林 1880 亩，生态农田林网 220 亩。累计造林 2.1 万亩，其中防护林 1.93 万亩，经济林 0.2 万亩，住宅“四旁”树木 120.5 万株，林木覆盖率达 32.5%，活立木蓄积量 18.5 万立方米。

2012 年，完成植树造林 1540 亩，其中生态片林 780 亩，经济林 560 亩，农田林网 100 亩。

2013 年，黄店镇新造林 1500 亩，超额完成造林任务，被评为中牟县 2013 年度造林绿化先进单位。

2014 年，新造林 1120 亩，超额完成任务。

2015 年，新造林 1120 亩，超额完成造林任务。

2016 年，种植生态片林 1740 亩。

2017 年，种植生态片林 1036.9 亩。

2018 年，种植生态片林 800 余亩。

2019 年，植树造林 2285.6 亩，栽植树木 13100 棵。

2020 年，黄店镇完成机西高速廊道绿化 384.82 亩，完成绿化造林 2853 亩，完成率达 475%。

2021 年，栽植百日红 1467 棵、高杆石楠 1456 棵、竹子 2000 棵、栾树 1160 棵、女贞 2474 棵、石楠球 2630 棵、海棠 2405 棵，总计 13592 棵特色树种。

用材林　李新华 摄

槐树　马健 摄

## 果　业

镇区种植果树历史长久，中华人民共和国成立后，种植的果树主要有苹果树、枣树、梨树、柿树等，到21世纪，镇区扩大种植草莓、西瓜、葡萄、黄桃等特色产品。

1990年，黄店乡果园种植总面积1344.4亩，年产果品397吨。

2000年，果园种植总面积330亩，年产果品120吨；其中苹果树种植面积135亩，产量43吨；枣树种植面积75亩，产量11吨；柿树种植面积75亩，产量57吨。

2001年，果园种植总面积1065亩，年产果品1736吨。其中苹果树种植面积405亩，产量615吨；枣树种植面积15亩，产量8吨；葡萄种植面积165亩，产量280吨；柿树种植面积195亩，产量115吨。

2002年，果园种植总面积990亩，年产果品1615吨。其中苹果树种植面积405亩，产量615吨；枣树种植面积15亩，产量8吨；葡萄种植面积90亩；柿树种植面积285亩。

2003年，果园种植总面积600亩，年产果品1366吨。其中苹果树种植面积390亩，产量925吨；枣树种植面积45亩，产量68吨；葡萄种植面积45亩，产量40吨；柿树种植面积 60 亩，产量 48 吨。

2004 年，果园种植总面积 630 亩，年产果品 1360 吨，新增苹果树种植 30 亩。其中苹果树种植面积 420 亩，产量 930 吨；枣树种植面积 45 亩，产量 68 吨；葡萄种植面积 45 亩，产量 40 吨；柿树种植面积 60 亩，产量 48 吨。

2005 年，果园种植总面积 680 亩，年产果品 1366 吨，新增桃树种植 50 亩。其中苹果树种植面积 420 亩，产量 930 吨；枣树种植面积 45 亩，产量 68 吨；葡萄种植面积 45 亩，产量 40 吨；柿树种植面积 60 亩，产量 48 吨；桃树种植面积 50 亩。

2006 年，果园种植总面积 750 亩，年产果品 1380 吨，新增桃树种植 70 亩。其中苹果树种植面积 420 亩，产量 930 吨；枣树种植面积 45 亩，产量 68 吨；葡萄种植面积 45 亩，产量 40 吨；柿树种植面积 60 亩，产量 48 吨；桃树种植面积 120 亩。

2007 年，果园种植总面积 780 亩，年产果品 1450 吨，新增桃树种植 30 亩。其中苹果树种植面积 420 亩，产量 980 吨；枣树种植面积 45 亩，产量 68 吨；葡萄种植面积 45 亩，产量 40 吨；柿树种植面积 60 亩，产量 48 吨；桃树种植面积 150 亩，产量 80 吨。

2008 年，果园种植总面积 800 亩，年产果品 1600 吨，新增梨树种植 20 亩。其中苹果树种植总面积 420 亩，产量 985 吨；枣树种植面积 45 亩，产量 68 吨；葡萄种植面积 45 亩，产量 40 吨；柿树种植面积 60 亩，产量 48 吨；桃树种植面积 150 亩，产量 180 吨；梨树种植 20 亩。

2009 年，果园种植总面积 830 亩，年产果品 1700 吨，新增梨树种植 50 亩。其中苹果树种植面积 420 亩，产量 990 吨；枣树种植面积 45 亩，产量 68 吨；葡萄种植面积 45 亩，产量 40 吨；柿树种植面积 60 亩，产量 48 吨；桃树种植面积 150 亩，产量 240 吨；梨树种植面积 70 亩。

2010 年，果园种植总面积 880 亩，年产果品 1860 吨，新增梨树种植 50 亩。其中苹果树种植面积 420 亩，产量 990 吨；枣树种植面积 45 亩，产量 68 吨；葡萄种植总面积 45 亩，产量 40 吨；柿树种植面积 60 亩，产量 48 吨；桃树种植面积 150 亩，产量 280 吨；梨树种植面积 120 亩，产量 30 吨。

2011 年，果园种植总面积 950 亩，年产果品 1950 吨，新增梨树种植 70 亩。其中苹果树种植面积 420 亩，产量 980 吨；枣树种植面积 45 亩，产量 68 吨；葡萄种植面积 45 亩，产量 40 吨；柿树种植面积 60 亩，产量 48 吨；桃树种植面积 150 亩，产量 280 吨；梨树种植面积 190 亩，产量 100 吨。

2012年，果园种植总面积1080亩，年产果品2080吨，新增枣树种植38亩，石榴树种植38亩，核桃树种植54亩。其中苹果树种植面积420亩，产量980吨；枣树种植面积83亩，产量68吨；葡萄种植面积45亩，产量40吨；柿树种植面积60亩，产量48吨；桃树种植面积204亩，产量280吨；梨树种植面积190亩，产量100吨。

2013年，果园种植总面积1230亩，年产果品2150吨，新增核桃树种植150亩。其中苹果树种植总面积420亩，产量980吨；柿树种植面积60亩，产量48吨；桃树种植面积204亩，产量280吨；梨树种植面积190亩，产量350吨。

2014年，果园种植总面积1590亩，年产果品2200吨，新增核桃树种植360亩。其中苹果树种植总面积420亩，产量980吨；葡萄种植总面积45亩，产量40吨；柿树种植面积60亩，产量48吨；桃树种植面积204亩，产量280吨；梨树种植面积190亩，产量360吨；核桃种植面积565亩。

2015年，果园种植总面积2120亩，年产果品2500吨，新增桃树园260亩，梨树种植150亩，核桃种植120亩。其中苹果树种植总面积420亩，产量980吨；葡萄种植总面积45亩，产量40吨；柿树种植面积60亩，产量48吨；桃树种植面积464亩，产量360吨；梨树种植面积340亩，产量380吨；核桃种植面积685亩。

2016年，果园种植总面积2420亩，年产果品2800吨，新增桃树种植180亩，梨树种植120亩。其中苹果树种植总面积420亩，产量980吨；葡萄种植总面积45亩，产量40吨；柿树种植面积60亩，产量48吨；桃树种植面积644亩，产量420吨；梨树种植面积460亩，产量380吨；核桃种植面积685亩，产量80吨。

2017年，果园种植总面积2630亩，年产果品3000吨，新增梨树种植80亩，桃树种植60亩，杏树种植70亩。其中苹果树种植总面积420亩，产量980吨；葡萄种植总面积45亩，产量40吨；柿树种植面积60亩，产量48吨；桃树种植面积704亩，产量420吨；梨树种植面积540亩，产量380吨；核桃种植面积685亩，产量230吨；杏树种植面积70亩。

2018年，果园种植总面积2810亩，年产果品3200吨，新增苹果树种植180亩。其中苹果树种植总面积600亩，产量1000吨；葡萄种植总面积45亩，产量40吨；柿树种植面积60亩，产量48吨；桃树种植面积704亩，产量420吨；梨树种植面积540亩，产量380吨；核桃种植面积685亩，产量350吨；杏树种植面积70亩。

2019年，果园种植总面积4610亩，年产果品3400吨，新增苹果树种植100亩，核桃树种植150亩，梨树种植600亩，李子树种植100亩，柿树种植50亩，桃树种植600亩，

经济林——梨树 马健 摄

大棚西瓜育苗 马健 摄

武家村大棚草莓　马健 摄

杏树种植 200 亩。其中苹果树种植总面积 700 亩，产量 1050 吨；葡萄种植总面积 45 亩，产量 40 吨；柿树种植面积 110 亩，产量 50 吨；桃树种植面积 1304 亩，产量 750 吨；梨树种植面积 1140 亩，产量 830 吨；核桃树种植面积 835 亩，产量 380 吨；杏树种植面积 270 亩。

2020 年，果园种植总面积 4610 亩，年产果品 3600 吨，新增苹果树种植 100 亩，核桃树种植 150 亩，梨树种植 600 亩，李子树种植 100 亩，柿树种植 50 亩，桃树种植 600 亩，杏树种植 200 亩。其中苹果树种植总面积 700 亩，产量 1050 吨；葡萄种植总面积 45 亩，产量 40 吨，柿树种植面积 110 亩，产量 50 吨；桃树种植面积 1304 亩，产量 750 吨；梨树种植面积 1140 亩，产量 830 吨；核桃种植面积 835 亩，产量 380 吨；杏树种植面积 270 亩。

## 畜牧业

大牲畜饲养在辖区历史悠久，中华人民共和国成立前，人们大多饲养马、牛、骡、驴等大牲畜用以农业生产。大牲畜饲养以农户家庭饲养为主，饲养的大牲畜品种以当地土种牲畜为主。

规模化养殖　刘林杰 摄

中华人民共和国成立后，党和政府重视畜牧业生产，随着农业机械的普及，大牲畜饲养量减少；畜牧业主要以养牛、猪、羊、家禽为主。

20 世纪 80 年代，家畜、家禽从家庭散养发展到养殖场集约化饲养，辖区涌现出一批养殖专业村、专业户。

1990 年，黄店乡存栏大家畜 9713 头，畜牧年产值 752 万元。其中生猪存栏 1.24 万头，羊存栏 7895 只，家禽饲养量 5.13 万只，禽蛋产量 157.4 吨。

1999 年，黄店乡李村和杓王村建成养羊、养牛小区，养殖品种有小尾寒羊、波尔山羊等。

2000 年，黄店镇生猪存栏 1.99 万头，猪肉产量 1139 吨；羊存栏 1.3 万只，羊肉产量 121 吨；牛存栏 0.6 万头，牛肉产量 252 吨；驴存栏 263 头，驴肉产量 14 吨；家禽饲养量 7.5 万只，禽蛋产量 380 吨。

2001 年，生猪存栏 2.27 万头，猪肉产量 1237 吨；羊存栏 1.47 万只，羊肉产量 121 吨；牛存栏 0.82 万头，牛肉产量 338 吨；驴存栏 370 头，驴肉产量 2 吨；家禽饲养量 12.9 万只，禽肉产量 111 吨。

20世纪80年代老照片养殖户 段双奇 摄

2002年，生猪存栏1.7万头，猪肉产量3684吨；羊存栏1.1万只，羊肉产量121吨；牛存栏8636头，牛肉产量407吨；家禽饲养量12.7万只，禽肉产量118吨，禽蛋产量579吨。

2003年，生猪存栏2.42万头，猪肉产量1600吨；羊存栏2.03万只，羊肉产量198吨；牛存栏9101头，牛肉产量437吨；家禽饲养量12.8万只，禽肉产量128吨。

2008年，黄店镇有大型养殖企业项目2个，其中河南省康贝尔鸭业有限公司位于李村，占地87亩，投入资金500余万元，主要销售孵化品种鸭，年利税60万元。九农实业有限公司位于杓王村，占地200亩，投入资金700万元，主要从事小杂果育苗和獭兔养殖及黄土养蟮，年利税80万元。

2011年，生猪存栏4.6万头，猪肉产量1759吨；羊存栏2.3万只，羊肉产量236吨；牛存栏0.9万头，牛肉产量200吨；家禽饲养量19万只，禽蛋产量740吨。

2012年，开展春秋畜禽集中防疫工作，突出抓好以牲畜口蹄疫和高致病禽流感为主的动物疫病防治工作，全年畜牧业无重大疫情出现。

家禽养殖之一 马健 摄

家禽养殖之二 马健 摄

家禽饲养　马健 摄

2013年，黄店镇有养殖场28个，其中规模以上养殖场5个，规模以下养殖场23个。生猪出栏数41226头，牛出栏数2827头，羊出栏数20089只，家禽出栏数419060只，兔出栏数19560只。镇政府落实动物疫情报告制度，加强动物防疫管理监测，做好春秋两季动物免疫工作。黄店镇被评为中牟县2013年度重大动物疫病防控工作先进单位。

2014年，生猪存栏25416头，大牲畜存栏7219头，羊存栏19304只，家禽存栏453120只。镇政府组织开展春秋两季动物集中防疫工作，抓好以牲畜口蹄疫和高致病禽流感为主的动物疫病防治工作，防疫率达100%，全年无重大疫情出现。

2015年，生猪存栏13650头，大牲畜存栏5780头，羊存栏14520只，家禽存栏451630只。镇政府抓好以牲畜口蹄疫和高致病禽流感为主的动物疫病防治工作，防疫率达100%，全年无重大疫情出现。

2016年，黄店镇建立重大动物疾病防控责任体系，群体免疫密度常年维持在90%以上，其中应免畜禽免疫密度达到100%。强化疫情预警监测，全年没有发生重大动物疫情。

2017 年，黄店镇畜牧业安监体系不断完善，建立重大动物疾病防控责任体系、畜产品质量安全监管体系，强化对疫情预警监测和畜牧企业全面监管。

2019 年，黄店镇生猪存栏 954 头，牛存栏 236 头，羊存栏 1356 只，家禽存栏 39856 只。

2020 年，黄店镇生猪存栏 3100 头，大牲畜存栏 700 头，羊存栏 4500 只，家禽存栏 2 万只。

## 工　业

黄店镇作为传统农业乡镇，以发展农业为主，工业基础薄弱，第一产业长期占主导地位，第二、第三产业发展比较缓慢。

1990 年，黄店乡共有棉花厂、预制厂、食品加工厂，铁业、木业、编织、建筑等行业企业共 1560 家，年产值 1755.8 万元，其中乡办企业 17.4 万元，村办企业 66 万元，联合体企业 507.4 万元，个体企业 1099.6 万元。农民企业产值 21 万元，工业企业产值 491.4 万元，建筑企业产值 698.5 万元，运输业产值 94.1 万元，商业、饮食企业产值 904.6 万元，其他企业产值 31.8 万元。

辖区工业企业　马健 摄

1992年，黄店乡政府投资兴建集体企业——中牟县八一毛纺厂，注册资金500万元，资产总额620万元，主要产品腈纶毛线，年生产能力500吨。2000年该企业有职工90人，实现年产值1500万元。

2000年，黄店镇有棉花厂、预制厂、食品加工厂、毛纺厂、菌种厂、种羊养殖基地及个体木业、纺织、建筑等行业企业，其中集体企业2家、私营企业3家、个体企业185家。有工商户126户。

2007年，黄店镇规模以上工业增加值24350万元。

2008年，黄店镇政府注重发展工业经济，对工业企业制定优惠政策，在税收、征地等方面给予优惠，不断优化发展环境，激发投资者热情，促进当地富余劳动力转移，带动区域经济发展。当年工业增加值完成34450万元，规模以上工业收入680万元，工业利税完成3630万元。

2010年，黄店镇规模以上工业增加值完成637万元。

2011年，黄店镇工业总产值2.8亿元，同比增长13%，占GDP的比重是42%。规模以上工业企业1家，实现工业增加值790万元，同比增长24.9%。

2013年，规模以上工业增加值完成830万元。三大产业占比为35.6 ∶ 30.6 ∶ 33.8。

2014年，规模以上工业增加值完成930万元。

2015年，规模以上工业增加值完成2230万元，同比增长7%。

2016年，规模以上工业增加值完成2041万元。

2017年，规模以上工业增加值完成1284万元。

2018年，黄店镇产业结构不断调整优化，三大产业占比优化为15.8 ∶ 23.4 ∶ 60.8。是年，为落实国家环保政策，保护耕地和水资源，淘汰污染企业，黄店镇关停了仅有的2家规模以上工业，回归工业零时代。

2020年，引进总部经济，发展新型合作社，共吸引19家企业入驻，完成固定资产投资7680万元。

2021年，引进总部经济，共吸引5家企业入驻，完成固定资产投资17082万元。

2022年，引进总部经济，共吸引86家企业入驻，截至10月，完成固定资产投资15575万元。

# 乡村振兴

黄店镇原有武家、段村 2 个省级贫困村，1 个市级低收入村马庄村。精准扶贫工作开展以来，该镇先后实施产业扶贫、就业创业扶贫、金融扶贫、健康扶贫、危房改造、环境整治等一系列措施，实现建档立卡贫困户脱贫增收。2020 年，黄店镇实现全面脱贫，进入乡村振兴发展轨道。黄店镇正按照“产业兴旺、生态宜居、乡风文明、治理有效、生活富裕”的总要求建设美丽乡村，奔着实现城乡融合共同富裕新画卷的目标前进。

# 扶贫历程

党的十八大以来，黄店镇贯彻落实习近平总书记关于实施精准扶贫的原则要求，实施了产业扶贫、金融扶贫、健康扶贫、危房改造、消费扶贫等方式，实现建档立卡贫困户脱贫增收。至2015年，武家、段村2个省级贫困村退出贫困序列。

2016年，黄店镇成立脱贫攻坚工作领导小组，派驻扶贫专干，实施精准扶贫。在扶贫措施上，黄店镇立足实际，开展了完善基础设施扶贫、发展产业扶贫、行业认领扶贫、社会保障兜底扶贫等。筹措资金6万元，为发展大棚的贫困户每户补助3000元建设资金，协调镇农商行为贫困户办理“绿卡”60份。段村、马庄争取扶持资金240万元，修建村内田间道路5300米，武家申请扶贫资金120万元修建3000米田间道路。段村、马庄、武家探索产业扶贫新模式，发展大棚500余座，通过“公司＋农户”模式，引导贫困户发展蔬菜大棚。

2017年，实施农业结构调整促脱贫，发展河南鸿太农产品开发有限公司、中牟县牟味源农牧专业养殖合作社、郑州金牟园农业发展有限公司等特色产业项目。发展养羊产业，为35户贫困户免费发放种羊70只，发放“产业带贫”资金11.3万元。设置公益岗位扶贫，

武家村产业扶贫项目 马健 摄

安排禁烧监督员、卫生保洁员、环保巡查员等岗位 65 个，发放公益人员工资 11.7 万元。通过个人、企业申报、扶贫部门和金融部门审核，共审批小额金融贷款项目 6 个，635 万元，建档立卡户贷款 152.3 万元。

严格落实低保、五保、孤儿、贫困学生救助等 7 类行业扶贫政策，兑付资金 11.25 万元；兑现重残非低保生活补贴 17 人 2.61 万元；为 101 名贫困学生兑现资助款 6.02 万元。完成就业培训 264 人次。改造危房 34 所。发放爱心超市卡 113 张，送出慰问品 500 件次。

2018 年，实施产业扶贫、企业带贫、金融扶贫、社会扶贫、行业帮扶“五驱联动”模式，合力攻坚促脱贫。全年共发放产业带贫资金 8.8 万元、金融带贫资金 19.6 万元。完成 76 户危房改造。投资 684 万元建设日光温室 20 座、塑料大棚 16 座，出租率 100%，种植率 100%。安排贫困户就业 71 人。投资 7 万元成立慈善爱心超市。

实行志智双扶，政府、企业、社会协同推进，探索出一条“以慈善超市为平台，以人居环境扶贫为载体，以积分化管理为抓手”的扶贫工作路径。以整洁、实用为目的，贫困户积极参与改善自己的庭院，进行“七改一增”（改水、改窗、改门、改厕、改电、改院、改厨，增加实用家具）。每周开展一次“美丽庭院”评比，评选出星级文明户 32 户。贫困户在慈善爱心超市凭积分券兑换生活用品 1965 件。

捐资助学　马健 摄

2019年，黄店镇以点带面，完善带贫机制，实施“1246”扶贫产业发展战略：坚持1个原则，即规划先行，示范引领；因地制宜，精准施策；政府引导，群众自愿。培育工业企业、农业企业2个劳动就业基地群，其中工业企业提供就业岗位95个，贫困户就业9人次；农业企业提供岗位230个，贫困户就业60人次。建设4个产业带，即沿机西高速廊道1500亩都市田园风光带，王俭、杓王农业全产业链经济带，采取“公司+支部+农户”模式发展5000亩蜜薯种植产业带，沿黄武路两侧发展500亩草莓种植产业带。打造6个特色产业基地，即建成田禾园薯苗培育基地、碧珠园葡萄种植基地、佳缘小尾寒羊育肥基地、武家草莓种植基地、马庄礼品西瓜种植基地、鸿太蒲公英种植基地。

全面落实城镇奖扶、农村奖扶等各项补贴发放工作。对全镇所有四类人群房屋进行全面排查，对需改造的50户进行了维修或重建。

2020年以来，黄店镇继续巩固脱贫成果，全面落实“两不愁三保障”，确保扶贫资金、公益岗位、医疗政策、教育资助、危房改造等政策落实。

将五类重点户纳入防返贫预警系统，对于预警的农户，及时纳入监测户或边缘户，实施精准帮扶，防止贫困户返贫。截至2020年底，全镇有建档立卡户373户1300人，其中省级建档176户713人（脱贫享受政策10户25人，脱贫不享受政策166户688人）、市级低收入197户587人（退出享受政策115户298人，退出不享受政策82户289人）。

## 武家村

武家村2013年被识别为省级贫困村，2015年退出，帮扶单位为中牟县审计局，有建档立卡贫困户66户264人，其中脱贫享受政策5户11人，脱贫不享受政策61户253人，已于2018年实现全部脱贫，无脱贫监测户和边缘户。有劳动能力（16～60岁）134户442人，已就业26户37人，发展产业45户。

完善基础设施及公共服务。建成260平方米的标准化村室，办公设施配备齐全；文化活动中心设有文化广场、舞台、图书室、文娱室、阅览室等；村内主次干道道路全部硬化，道路两侧实现绿化全覆盖；建设污水处理项目；村内安装监控摄像头29个、太阳能环保电板路灯130多根；村内通县域公交车、自来水、移动宽带、广播电视。

发展村集体经济及主导产业。2018年建设日光温室大棚10座，占地30亩，共计投入资金138万元，该项目为武家村集体的支柱产业，每年增加集体收入约7万元。大棚西瓜、大棚草莓、大棚蔬菜种植为该村主导产业，截至2020年底，全村已发展300多座大棚，成立有农业合作社，注册了“武家村”商标。

2019年以来，因户因人施策，持续推进产业扶贫，鼓励贫困户发展产业，并且发放奖补资金。通过各项帮扶措施的落实，拓宽了增收渠道，巩固了脱贫成效，2019年贫困户（脱贫享受政策）人均年收入最高达18990.16元。

## 段村

段村于2013年被识别为省级贫困村，2015年退出，帮扶单位为郑州市市直机关事务管理局，有建档立卡贫困户110户445人，其中脱贫享受政策5户14人，脱贫不享受政策105户431人，已于2018年实现全部脱贫，无脱贫监测户和边缘户。有劳动能力（16～60岁）215户637人，已就业131户345人，发展产业38户，金融扶贫小额信贷累计贷款45笔225万元。

段村大棚 马健 摄

发展村集体经济及主导产业。利用市派第一书记扶贫资金建设4座日光温室大棚，总面积约3400平方米，每座大棚以每年6000元的价格出租，租金作为集体收入，租户优先雇用贫困户从事生产劳动。同时，发挥产业集中优势进行异地建设，在打车李村建设双层薄膜拱层及配套机井，形成产业规模，鼓励贫困户优先务工，促进扶贫收益最大化。

完善基础，提高服务水平。筹措资金，对村内生产生活道路全面硬化、绿化、亮化，2017—2019年共计硬化道路7300余米，新装路灯117根。利用市派第一书记专项扶贫资金改造2座老旧变压器，新打机井13眼。对全村农户住房情况进行排查，对确有安全隐患的进行集中改造。截至2021年，全村共改造危房24户，其中，2012年1户，2013年1户，2014年1户，2015年6户，2018年5户，2019年3户，2021年7户。

注重精神文明建设。购买鼓乐设备组建盘鼓队，推进移风易俗，弘扬时代新风，持续开展“星级家庭户”评选活动，“双优”“双带”文艺演出，“红色文艺轻骑兵”“送戏下乡”等文化活动。

提质增效，建设美丽新段村。按照规划，对村内主要道路沿线、沟渠沿岸以及农户房屋门前进行定期清理整治；实施污水管网改造工程，实现雨污水分离；加强村民卫生习惯养成，培育人居环境提升新动能，建立村容村貌、户容户貌提升长效机制。

## 马庄村

2015年底马庄村有贫困户43户，贫困人口201人，致贫原因以因病、因残、缺劳动力、缺技能为主，贫困发生率为23.1%。2016年底，有未脱贫户3户9人。经过2017年建档立卡规范“回头看”，新识别2户2人，全村共有贫困户5户，贫困人口11人，贫困发生率为1.25%。其中缺劳力3户4人，因残1户6人，因病1户1人。至2020年有建档立卡脱贫户36户136人，其中脱贫享受政策5户10人，脱贫不享受政策31户126人，无脱贫监测户和边缘户。

2015—2017年，以“公司+农户”模式大力发展蔬菜大棚产业，引进河南鸿太农产品开发有限公司，实施大棚规模产业化扶贫项目，至2017年12月建成80余座大棚，带动全村就业100余人。

争取扶贫资金120万元，累计完成马庄村生产道路硬化2800米；配套打井6眼，

“美丽庭院”创建示范户 刘林杰 摄

架设电线 1200 米，覆盖耕地面积 300 余亩；农村电网得到改善，新增变压器 2 台；美丽家园清洁公司入驻马庄村，配备环卫工 2 名；建成村级阅览室，提升了马庄村文化建设。

2019 年以来，加强基础设施建设，争取上级资金 430.1 万元，完成生产道路硬化 5953 米，配套打井 18 眼，新增变压器 2 台，架设电线 2955 米；争取上级资金 390 万元，对全村生活道路进行全面硬化。

投入资金 150 万元对全村生活污水进行集中处理改造；利用“第一书记 10 万元帮扶资金”对全村自来水管道进行改造；新安装风力太阳能路灯 116 盏、监控探头 14 个，建设公共卫生间 2 个。

申请上级财政资金 188 万元，流转集体土地 30 亩，建设 6 座日光温室大棚、3 座塑料大棚，作为村集体产业。河南鸿太农产品开发有限公司、金牟园农业发展有限公司流转土地 120 余亩，种植中草药、西瓜、草莓等，带动农户发展瓜果大棚种植 60 余亩。

健全产业项目与困难群众之间的利益联结机制，村内项目经营主体与困难群众签订《用工协议书》《带贫协议书》，解决困难劳动力就业 300 余人次；开发村级公益岗位 5 个，实现有就业能力、有就业意愿困难劳动力就业率达 100%；落实务工奖补政策，对稳定就业、年务工收入达 3000 元以上的，每年给予 1000 ~ 2000 元不等的补贴，调动村民务工积极性。

投入资金美化墙面，打造庭院、小桥、凉亭等景观，对村内生活道路两侧铺设透水砖，栽植绿化树，不断优化人居环境，2019 年被郑州市林业局评为市级生态文明村，在 2020 年郑州市“美丽庭院”评比中，马庄村村民马建委户被评为郑州市“美丽庭院”创建示范户。

# 寿圣寺双塔

黄店镇文物古迹众多，其中寿圣寺双塔1986年被河南省人民政府评为省级文物保护单位，2013年5月被国务院核定公布为第七批全国重点文物保护单位。

寿圣寺双塔的建筑风格古朴大方，造型优美，雕刻艺术精湛，洋溢着浓郁的民族气息，体现了我国古代中原地区劳动人民高超的技艺和卓越的智慧，对研究宋朝的建筑风格和建筑艺术具有很高的参考价值。

# 寿圣寺

寿圣寺位于中牟县城南 30 千米黄店镇冉家村东约 500 米处。

《中牟县志》记载："寿圣寺在县南……上建有双塔，亦称双塔寺。"寿圣寺三门里原有九通石碑，第一通碑记载寿圣寺始建于唐，兴于宋。鼎盛时有两进寺院，大殿、廊庑、山门、水井、戏楼齐备，有寺僧数十人。此外，寿圣寺一直被用作民间重要的商贸服务、文化娱乐、宗教祭祀场所，是中牟县庙会文化的代表之一。

寿圣寺历代皆有重修，毁于 20 世纪 50 年代，仅余双塔。现存寺院遗址四周有内寨和外寨双重土寨墙，东墙内外墙合一，南墙正中有门。内寨为一片土岗，现存内寨墙南北长约 130 米，东西宽约 95 米，高出周围地面 3 ~ 4 米，占地约 19.5 亩。现存外寨墙南北长约 388 米，东西宽约 150 米。墙高 3 米，下部宽 5 米，保存状况较好。土岗西侧为一宽约 100 米、长 500 米的自然壕沟。寿圣寺远离村庄，地貌复杂，高低错落，四周皆为田地，在寺院南端保存了宋代双塔。

2004 年，当地重修寿圣寺，建成大雄宝殿等建筑物。

20 世纪 80 年代老照片寿圣寺　段双奇 摄

寿圣寺　马健 摄

土寨墙　马健 摄

# 双塔现状

寿圣寺双塔是在宋朝重修寿圣寺时修建的。双塔东西并峙而立，相距约 20 米。双塔形制相同，均为小砖垒砌而成的六角形楼阁式，无塔顶，传为修建时尚未竣工即中断所致。塔身每层檐下部皆置有砖雕斗拱、盲窗等。塔内有塔心室和蹬道，可盘旋登塔。千百年来由于自然和人为等原因，双塔的檐部、塔壁等部位均遭到不同程度的损坏。

**东　塔**　东塔四级，通高 15 米，平面呈六边形。测量数据显示，除底层为正六边形外，其余各层的边长均隔边相等。每层边长由下至上逐层递减，使塔身逐层内收。各层的高度由下至上亦逐层递减，使塔身外轮廓呈抛物线形。

塔身所用砖料均经过磨制，壁面砖与砖之间用白灰浆黏结；壁体内砖则用黄泥浆黏合。墙体主要用砖规格为 40 厘米 ×19 厘米 ×6 厘米。另有方形佛像砖，规格为 32 厘米 ×29 厘米 ×6 厘米。壁面为以条砖垒砌数层顺砖后，再砌一层丁砖而成。各壁面相交处均砌菱形倚柱，一则用于承托转角铺作，二则增强塔身的整体刚度和抗倾斜性。此外，各层壁面顶部皆置两层平砌砖叠檐，既是承托铺作层的构造需要，又丰富了塔身外立面的层次感和韵律感。各层檐部的筒板瓦及檐下的椽、大小连檐、升头木等构件均以砖仿制。东塔损毁

东塔　马健 摄

东塔塔顶　王海萍　供图

较严重，从檐部残存现状来看，各构件均磨制精细，安装精准。

**一层**　外壁每边长 4 米、层高 6.48 米。东、西两壁正中各辟半圆拱顶券门。西门高 1.38 米、宽 0.64 米，门楣处砖雕门簪两朵。东门高 1.99 米、宽 0.6 米。外檐下各面均置砖雕双抄计心造五铺作，第一、二跳华拱为足材，泥道拱、外拽慢拱和替木均为单材，材厚相当于两砖加中间的灰缝，约 13 厘米。每面置补间铺作 6 朵，各角置转角铺作 1 朵。东南、东北壁中部饰砖雕逑纹格眼盲窗，西南、西北壁中部饰砖雕菱纹格眼盲窗，窗宽 2 米、高 1 米，窗下浮雕法轮图案。东、西两壁各在券门两侧置 2 块佛像砖，其余四壁各在法轮下方置

东塔塔身　马健　摄

半圆拱顶券窗 王海萍 供图

7 块佛像砖。佛像砖皆损毁严重。

西门内为塔心室。塔心室平面为正方形，边长 1.6 米，室顶由铺作层和叠涩共同构成八边形藻井。藻井底部由一圈双抄计心造砖雕铺作层承托，构造与塔体外壁檐下铺作层一致，每边置补间铺作 1 朵，各角置转角铺作 1 朵，共 8 朵。地面至叠涩藻井顶层通高 3.39 米。东门为塔体入口，门内为直斜式楼梯蹬道，楼梯踏步系青砖垒砌，直通二层。梯道较陡，踏步因风化磨蚀已难分辨形状。

**二层** 东、西北、西南三面外壁每边长 3.76 米，西、东南、东北三面外壁每边长 3.86 米、层高 3.54 米。内有过廊，高 2.25 米、宽 0.56 米，顶部反叠涩砌砖，每边相通。塔壁厚 1.3 米。西壁设半圆拱顶券窗，高 1.06 米、宽 0.6 米，正对梯道。梯道宽 0.56 米，坡度较陡，共 12 级踏步，每级高 0.32 米、宽 0.2 米。梯道顶部作叠涩处理，逐级而上。梯道从西北面进入第三层，正对东北券窗。二层以上梯道为宋代砖塔建造工艺中较常用的“壁内折上”式，梯道置于塔身之内，随外墙而转折，逐级而上直达塔顶。外檐下各面铺作层构造与一层同，但由于二层边长和层高都小于一层，故每面置补间铺作 5 朵，各角置转角铺作 1 朵，铺作层整体高度也小于一层。东、西北、西南三壁中部饰砖雕逑纹格眼盲窗，窗宽 1.68 米、高 0.74 米。其余三壁均为素面。

砖雕逑纹格眼盲窗　王海萍　供图

**三层**　东、西北、西南三面外壁每边长 3.76 米，西、东南、东北三面外壁每边长 3.68 米，层高 3.52 米。内有过廊，高 1.9 米、宽 0.56 米，顶部反叠涩砌砖，每边相通。塔壁厚 1.3 米。东北壁设半圆拱顶券窗，高 1.01 米、宽 0.6 米，正对梯道。梯道宽 0.56 米，坡度较陡，共 12 级踏步，每级高 0.32 米、宽 0.2 米。梯道顶部亦作叠涩处理。从东面上梯道可进入第四层，正对东南券窗。外檐下各面铺作层构造与二层同，每面置补间铺作 4 朵，各角置转角铺作 1 朵，高度较二层亦减。东、西北两壁中部饰砖雕直棂盲窗，窗宽 1.34 米、高 0.69 米。西南壁中部饰砖雕假门，门楣处砖雕门簪两朵，门宽 1.06 米、高 1.45 米。其余两壁均为素面。

**四层**　东、西北、西南三面外壁每边长 3.36 米，西、东南、东北三面外壁每边长 3.56 米，层高 2.6 米。所有外壁均为素面，东南壁设券窗，窗高 0.87 米、宽 0.6 米。过廊宽 0.56 米、塔壁厚 1.23 米。由券窗可直登顶部，无塔顶。顶层各面檐部损毁较严重，仅有局部铺作层残留，可看出其构造与一至三层外檐铺作同，体量较三层亦减。

**西　塔**　西塔曾经维修，故保存状况较东塔为好。

塔身七级，通高 32 米，平面呈六边形。外观造型及构造特点与东塔类似，亦是除底层为正六边形外，其余各层的边长隔边相等。塔身亦是平面逐层内收、高度逐层递减，外轮廓呈抛物线形。塔体所用砖料规格、磨制黏结及砌筑方法、仿木砖雕等均与东塔无异。此塔外壁佛像砖保存较好，各层各面砖雕佛像种类达 9 种，雕刻细腻，形态逼真。

西塔 马健 摄

**一层** 外壁每边长 3.92 米、层高 6.1 米。东、西两壁正中各辟半圆拱顶券门。东门高 1.5 米、宽 0.67 米，门楣处砖雕门簪两朵。门内为一塔心室，平面正方形，边长 1.28 米，室顶反叠涩砌成八边形藻井，地面至叠涩藻井顶层通高 2.72 米。西门为塔体入口，门高 1.68 米、宽 0.76 米。门内为直斜式楼梯蹬道，直通二层，梯道较陡，宽 0.6 米，踏步因风化磨蚀已难分辨形状。一层外檐下各面亦置砖雕双抄计心造五铺作，其构造特点、材厚尺寸及各面补间铺作与转角铺作的朵数均与东塔第一层檐下铺作层一致。东南、东北、西南、西北四壁中部均饰砖雕逑路纹格眼盲窗，窗宽 2.4 米、高 1 米。每窗上部各饰两排佛像砖，每排 8 块。东、西两壁各围绕券门置 18 块佛像砖，上部 8 块，两侧各 5 块。

**二层** 东、西北、西南三面外壁每边长 3.76 米，西、东南、东北三面外壁每边长 3.68 米，层高 4.72 米。内有过廊，高 2 米、宽 0.54 米，顶部反叠涩砌砖，每边相通。塔壁厚 0.93 米。西南壁设一半圆拱顶券窗，高 1.2 米、宽 0.53 米。正对券窗辟一塔心室，平面正方形，边长 1.1 米、通高 1.95 米，顶部为八边形反叠涩砖藻井，除券窗一侧外其他三内壁表面均饰佛像砖，每面 7 块，保存完好。东壁亦设一券窗，高、宽与西南壁券窗同，正对梯道。梯道宽 0.54 米，坡度较陡，踏步因风化磨蚀已难分辨形状。梯道亦为顺墙体转折的“壁内折上”式，其顶部亦作叠涩处理。从东南面上梯道可进入第三层，正对西南券窗。二层塔身外壁下部砌有平座一周，宽 0.5 米，其下由单抄计心造铺作层承托，每边置补间铺作 4 朵，各角置转角铺作 1 朵。铺作层出跳华拱为足材，泥道拱及替木均为单材，材厚由两砖加中间的灰缝构成，约 13 厘米。檐下施一周铺作层以承托出檐，其构造做法与一层檐下铺作层同，因边长减小，故每面置补间铺作 5 朵，各角置转角铺作 1 朵。西、东南、东北、西北四壁均饰三排佛像砖，中间 6 块，上下两排各 8 块。正东和西南两壁各在券窗两侧饰 12 尊和 16 尊佛像砖。

砖雕佛像　王海萍　供图

壁外其余五壁均饰两排佛像砖，其中西、东南、西南三壁每排 5 块，东、东北两面上排置 4 块，下排置 5 块，西北侧券窗两侧置 4 尊。此层为顶层，最易遭受风雨侵蚀，故佛像表面风化最为严重，但形态依稀可见。七层以上塔身周围还留有一圈断壁残垣，其中西壁、西北壁和西南壁三面外墙保存相对完整，最高处约 1 米左右，其余三面墙砖佚失 90% 以上。

## 双塔建筑特点

双塔主要建筑材料为青砖、白灰、黄黏土等。壁面均由青砖垒砌而成，砌砖方式为多顺一丁式。砌筑时加白灰浆，灰浆饱满，黏结牢固，灰缝岔分。

塔身平面逐层内收、高度逐层递减，形成了柔和的曲线轮廓。

诸层券窗位置隔层变换方位，分散了荷载的薄弱点，使得塔体每面重量、刚度对称，同时也形成了具有韵律的立面造型。

双塔　马健 摄

塔身　马健 摄

塔内梯道逐层变换方向，设置均匀合理，避免了由于隔层门窗同一方位，削弱其强度和整体性而易造成塔身裂缝的缺陷。

塔内外的券门、券窗及梯道顶运用了拱券、叠涩等技术，塔体、塔心柱较厚，过廊空间较小，每层檐下设拔檐，墙壁转角处均砌有菱形倚柱，增强了塔身的整体稳定性。

以上特点皆是寿圣寺双塔主体结构至今仍保存较为完好的原因，也从一个侧面反映了宋代砖石结构先进的抗震技术。另外，塔身各个细部构件，由外到内，结构衔接搭配合理，斗拱磨制细腻，棂窗雕刻富于变化，细部处理得当，充分体现了当时建筑艺术的水平。

## 双塔的维修与保护

双塔历尽沧桑，位于土台边上，土台南侧由于常年的雨水冲刷造成大量水土流失，对塔基的稳定性有一定影响，再加上风力作用，使双塔出现了一定的倾斜。经测量得知，东塔向东南方倾斜 0.48 米、西塔向东北方倾斜 0.8 米。郑州市、中牟县有关部门指定相关部门制订维修抢险加固方案，中牟县文化广电和旅游局争取资金对双塔实施抢险维修加固。

1985 年中牟县文物保护管理所成立后，中牟县两次对双塔进行修缮。

第一次修缮是在 1995 年，由河南省文物局拨款 6 万元，中牟县文物保护管理所自筹资金 7 万元，对西塔进行修缮。

第二次修缮于 2012 年开始，对双塔进行抢险维修加固。郑州市文物局拨款 92 万元，中牟县财政拨款 5 万元，对东塔做塔底座修补工作，塔体勾缝；对双塔塔顶进行封顶修复

券窗　王海萍　供图

塔内梯道　王海萍　供图

斗拱　王海萍　供图

及塔内楼梯还原修缮。工程历时两年多，在中牟县政府举行的验收会上，专家组对该工程做出“总体符合要求，质量合格”的认定。

2013 年，中牟县对双塔周边环境进一步治理，塔体四周加装护栏，加固寨墙以及对塔前广场进行建设等。

2022 年初，我县启动寿圣寺双塔遗址文化生态公园项目，公园占地约 103 亩，分两期实施，计划投资 1000 万元，建设内容包含休闲游乐设施、文化小品，公园绿化、管理用房提升，以及旅游厕所、道路、安防、给排水、照明灯配套设施。建成后既可以推动我县传统文化发展，又能进一步促进我县文化遗产保护和生态文明建设。

# 遗址遗迹

黄店镇遗址遗迹是古镇悠久历史的积淀和见证，其中有省级文物保护单位 2 处——业王遗址、业王野岗遗址，县级文物保护单位 9 处——段村东遗址、前冯墓群、祥付营遗址、打车李遗址、岗陈遗址、杓王东南遗址、东谢东北遗址、沙沃庙墓群、李村西南遗址。

# 业王遗址

业王遗址位于黄店镇业王村东北 500 米处，面积 30.33 万平方米。遗址东半部为村落遗址，文化层厚 1~2 米，内含遗物极少。西半部为氏族墓地，墓坑呈长方形，边缘不整齐。由于历年平整土地，现状为南北长 16.90 米、东西宽 9.50 米的一座长方形高台，四周为农田。

业王遗址于 1978 年被发现，1984 年对该遗址进行了详细的调查。遗址区内遗迹、遗物丰富，地表散布有大量陶器、石器残片及动物骨骼。在距地表 1 米处，出土有石磨盘、石磨棒、石铲、石锛、石凿、石镞等石器，其中石磨盘被评定为国家一级文物（现为郑州市博物馆暂借）。石磨盘于 1979 年出土，为新石器时代裴李岗文化时期遗存。长 86.5 厘米，最宽处 27.5 厘米，平面近椭圆形，中部稍宽，略呈鞋底状，为沙石琢制而成。盘下有四矮足，盘面因长期使用而向下凹陷。

业王遗址之一　中牟县文物保护管理所供图

业王遗址发掘文物——石磨盘 中牟县文物保护管理所供图

业王遗址发掘文物——石磨棒 中牟县文物保护管理所供图

业王遗址之二 中牟县文物保护管理所供图

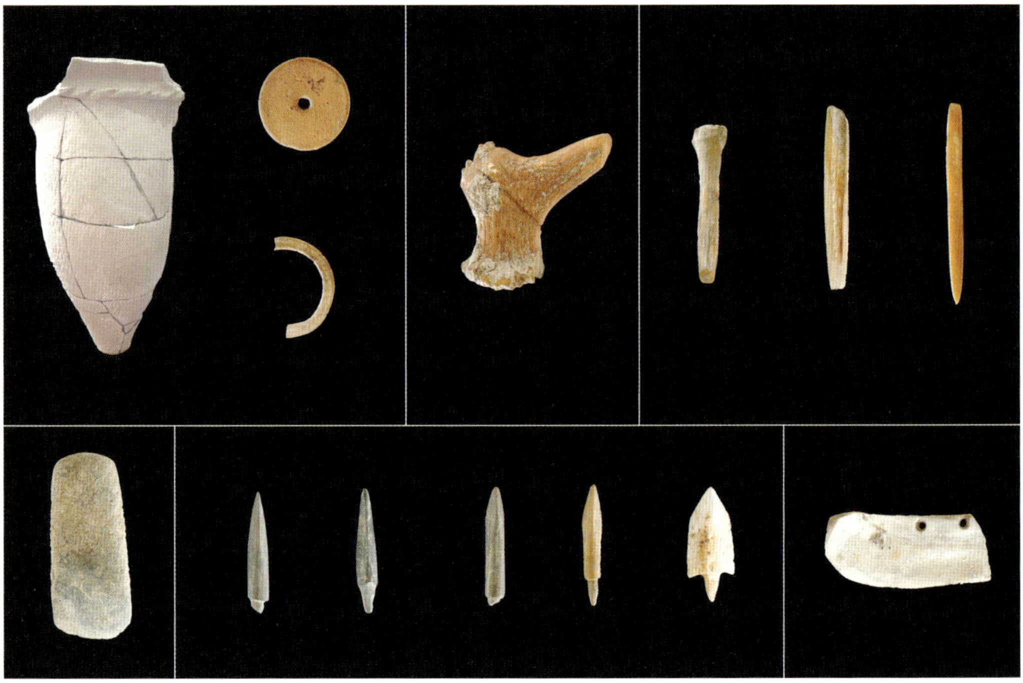

业王遗址出土龙山时期遗物　中牟县文物保护管理所供图

2020年，经国家文物局批准，由首都师范大学和郑州市文物考古研究院共同组成考古队，对业王遗址进行发掘，累计发掘面积400多平方米。

此次发掘，业王遗址整体堆积大体分三个阶段，第1、2层为近现代堆积，厚20~40厘米，主要为1960年代平整土地以后的耕种土。第3、4层为金元时期文化堆积，厚0.5~1.0米，主要包含物有青瓷片、青砖块、布纹瓦片等，3层下发现小墓3座，已被扰动，仅存墓底部铺砖，略成长方形，由砖块和砖坯铺成，均未见人骨和随葬品，其中一座疑有骨灰。第5层以下一般为新石器时代堆积，深0.5 ~ 2米不等，主要遗迹包括连间房址1处、灰坑8个、灰沟2条、人类活动面两处。可辨器形有绳纹深腹罐、篮纹瓮、刻槽盆、鼎、鬲、斝、豆、器盖、碗、盆等，推测为龙山文化晚期遗存；另有石斧、石铲、石刀、石凿、石镞，骨镞、骨锥、骨笄；蚌刀、蚌镞；圆陶片、陶环等生产工具和装饰品等。

于遗址核心区发现裴李岗时期文化堆积，含陶壶、陶钵、陶罐、石磨棒等裴李岗时期典型器物。

遗址文化层下有多层自然堆积，主要为含沙或淤泥的层状堆积，疑为水层，其间偶见烧土颗粒和碳屑。最下层为黄色纯净砂土，应为生土，一般距地表深3.5 ~ 4.5米。发现地层断陷现象，应为地震造成。

此次发掘所获历史时期和新石器时代文化遗存，对于丰富郑州地区文化面貌具有科学意义。其中裴李岗时期文化遗存的发现是中牟地区首次大规模考古发掘所获；龙山时期文化遗存包括连间房址和地震遗迹，也可为郑州地区新石器时代人类文化和人地关系研究提供重要的科学依据。

## 业王野岗遗址

业王野岗遗址位于黄店镇业王村西南100米处的南北向高岗上，该遗址为商代聚落址，南北长600米，东西宽350米，面积21万平方米，南临家族墓，东距黄店—冯堂公路200米。采集有泥质、夹砂灰陶片和红陶片，纹饰有绳纹和附加堆纹，可辨器形有鼎、碗、豆、盆和瓮。根据采集标本分析，该遗址时期为商代，是中牟县境内一处重要的商代聚落遗址，对研究商代的社会发展状况具有重要意义。

业王野岗遗址出土兽面纹铜盉之一——商代前期（公元前1600年—前1300年）
中牟县文物保护管理所供图

业王野岗遗址出土兽面纹铜盉之二——商代前期（公元前1600年—前1300年）
中牟县文物保护管理所供图

业王野岗遗址出土兽面纹铜器之一——商代前期（公元前 1600 年—前 1300 年） 中牟县文物保护管理所供图

业王野岗遗址出土兽面纹铜器之二——商代前期（公元前 1600 年—前 1300 年） 中牟县文物保护管理所供图

## 段村东遗址

段村东遗址位于黄店镇段家村东的高台地，地势较高，东西长 300 米，南北宽 300 米，面积 9 万平方米。北临黄店—刁家公路，遗址北部断壁上可见厚约 2 米的文化层。调查时采集有泥质夹砂灰陶和红陶片，纹饰有绳纹和弦纹，可辨器形有盆、罐、豆等。根据采集标本分析，该遗址为战国时期文化遗存，对研究战国时期的社会发展状况具有重要意义。

## 前冯墓群

前冯墓群位于黄店镇冯家村东南，南北长 500 米，东西宽 300 米，面积 15 万平方米。经 20 世纪七八十年代土地平整和近年来建设取土，墓葬区北部部分墓葬已被破坏，南部保存状况一般。在墓葬区地表发现有空心砖等遗物。根据采集标本分析，该墓群为汉代文化遗存，对研究汉代的墓葬形制具有重要意义。

## 祥付营遗址

祥付营遗址位于黄店镇祥付营村东，地势较高，南北长 300 米，南、北各至生产路；东西宽 200 米，文化层厚 2 米。调查时采集有泥质、夹砂灰陶片和红陶片，纹饰有绳纹，可辨器形有鬲、豆和罐。遗址区内叠压数座墓葬，发现有两通残碑，字迹模糊，难以辨识。根据采集标本分析，该遗址为商代文化遗存，对研究商代的社会发展状况具有重要意义。

## 打车李遗址

打车李遗址位于黄店镇打车李村北 150 米处的高台地，东西宽 250 米，南北长 400 米，面积 10 万平方米，北临生产路，东临村级公路，马河从遗址南部穿过。断壁可见厚 2 米的文化层。调查时采集有板瓦、筒瓦残片以及夹砂灰陶片和红陶片，纹饰有绳纹和弦纹，可辨器形有豆和罐等。根据采集标本分析，该遗址为东周战国时期文化遗存，对研究东周战国时期的社会发展状况具有重要意义。

## 岗陈遗址

岗陈遗址位于黄店镇岗陈村西北，东西宽 300 米，南北长 325 米，面积 98800 平方米，调查时在遗址区地表采集有大量陶片，陶质为泥质和夹砂，陶色有红陶和灰陶，纹饰有素面和绳纹，可辨器形有陶盆、罐、鬲、豆等。根据采集标本分析，该遗址为战国时期文化遗存，对研究战国时期的社会发展状况具有重要意义。

## 杓王东南遗址

杓王东南遗址位于黄店镇杓王村东南 500 米，南北长 700 米，东西宽 300 米，面积 21 万平方米。调查时采集有泥质灰陶片和加沙红陶，纹饰有绳纹、弦纹等，可辨器形有罐、盆等。根据采集标本分析，该遗址为周代文化遗存，对研究周代的社会发展状况具有重要意义。

## 东谢东北遗址

东谢东北遗址位于黄店镇东谢村东北 1500 米处的高台地，东西长 300 米，南北宽 300 米，面积 9 万平方米。调查时发现有灰坑，在地表采集有大量夹砂灰陶和红陶片，纹饰有素面和绳纹，可辨器形有罐和盆等。根据采集标本分析，该遗址为东周时期文化遗存，对研究东周时期的社会发展状况具有重要意义。

## 沙沃庙墓群

沙沃庙墓群位于黄店镇沙沃庙村西 50 米，东西宽 200 米，南北长 300 米，面积 6 万平方米。2005 年冬，村民曾在此发现一座汉代砖室墓，出土有陶鸡、陶猪、陶狗、陶猪圈等。调查时采集有绳纹墓砖。根据采集标本分析，该墓群为汉代文化遗存，为研究汉代的墓葬形制提供了实物资料。

## 李村西南遗址

李村西南遗址位于黄店镇李村西南 1500 米，东西宽 200 米，南北长 250 米，面积 5 万平方米，北临生产路。调查时采集有大量泥质、夹砂灰陶和红陶片，纹饰有绳纹和素面，可辨器形有罐、釜、盆等。根据采集标本分析，该遗址为东周时期文化遗存，对研究东周时期的社会发展状况具有重要意义。

**黄店镇文物保护单位**

| 村名 | 名称 | 年代 | 级别 | 公布时间 | 位置 |
|---|---|---|---|---|---|
| 冉家 | 寿圣寺双塔 | 宋、辽、金 | 国家 | 2013.3.5 | 冉家村东 500 米 |
| 业王 | 业王遗址 | 新石器 | 省级 | 2008.6.16 | 业王村东北 1000 米 |
| | 业王野岗遗址 | 商 | 省级 | 2021.12.17 | 业王村西南 |
| 段村 | 段村东遗址 | 东周、汉 | 县级 | 2012.1.11 | 段村东 |
| 前冯 | 前冯墓群 | 汉 | 县级 | 2012.1.11 | 前冯村东南 |
| 沙沃庙 | 沙沃庙墓群 | 汉 | 县级 | 2012.1.11 | 沙沃庙村西 |
| 李村 | 李村西南遗址 | 东周 | 县级 | 2012.1.11 | 李村西南 1500 米 |
| 打车李 | 打车李遗址 | 东周 | 县级 | 2012.1.11 | 打车李村北 150 米 |
| 祥付营 | 祥付营遗址 | 商 | 县级 | 2012.1.11 | 祥付营村东 |
| 杓王 | 杓王东南遗址 | 西周、东周 | 县级 | 2012.1.11 | 杓王村东南 500 米 |
| 岗陈 | 岗陈遗址 | 东周 | 县级 | 2012.1.11 | 岗陈村 |
| 东谢 | 东谢东北遗址 | 东周 | 县级 | 2012.1.11 | 东谢村东北 1500 米 |

## 黄店镇出土国家级文物

| 名 称 | 时 代 | 出处及级别 |
|---|---|---|
| 石磨盘（石器） | 新石器时代 | 黄店业王采集 国家一级 |
| 石磨棒（石器） | 新石器时代 | 黄店业王采集 国家三级 |
| 石斧（石器） | 新石器时代 | 黄店业王采集 国家三级 |
| 石斧（石器） | 新石器时代 | 黄店业王采集 国家三级 |
| 石斧（石器） | 新石器时代 | 黄店业王采集 国家三级 |
| 石斧（石器） | 新石器时代 | 黄店业王采集 国家三级 |
| 石斧（石器） | 新石器时代 | 黄店业王采集 国家三级 |
| 石斧（石器） | 新石器时代 | 黄店业王采集 国家三级 |
| 石斧（石器） | 新石器时代 | 黄店业王采集 国家三级 |
| 石斧（石器） | 新石器时代 | 黄店业王采集 国家三级 |
| 石锛（石器） | 新石器时代 | 黄店业王采集 国家三级 |
| 石锛（石器） | 新石器时代 | 黄店业王采集 国家三级 |
| 石锛（石器） | 新石器时代 | 黄店业王采集 国家三级 |
| 石锛（石器） | 新石器时代 | 黄店业王采集 国家三级 |
| 石凿（石器） | 新石器时代 | 黄店业王采集 国家三级 |
| 石凿（石器） | 新石器时代 | 黄店业王采集 国家三级 |
| 石箭头（石器） | 新石器时代 | 黄店业王采集 国家三级 |
| 石箭头（石器） | 新石器时代 | 黄店业王采集 国家三级 |
| 石箭头（石器） | 新石器时代 | 黄店业王采集 国家三级 |
| 骨簪（骨器） | 新石器时代 | 黄店业王采集 国家三级 |
| 骨锥（骨器） | 新石器时代 | 黄店业王采集 国家三级 |
| 两孔蚌刀（蚌器） | 新石器时代 | 黄店业王采集 国家三级 |
| 蚌箭头（蚌器） | 新石器时代 | 黄店业王采集 国家三级 |
| 骨箭头（骨器） | 新石器时代 | 黄店业王采集 国家三级 |
| 青铜器，兽面纹铜爵 | 商代前期 | 黄店业王采集 国家三级 |
| 兽面纹铜盉 | 商代前期 | 黄店业王采集 国家三级 |
| 乌纹四乳铜镜（铜器） | 汉 | 黄店业王村王照五捐 国家三级 |
| 弦纹圈足灰陶壶（陶器） | 汉 | 黄店八李村采集 国家三级 |
| 彩绘灰陶壶（陶器） | 汉 | 黄店八李村采集 国家三级 |
| 盘口灰陶罐（陶器） | 汉 | 黄店八李村采集 国家三级 |
| 灰陶罐（陶器） | 汉 | 黄店石家采集 国家三级 |
| 弦纹灰陶罐（陶器） | 汉 | 黄店八李村采集 国家三级 |
| 盘口弦纹灰陶壶（陶器） | 汉 | 黄店八李村采集 国家三级 |

续表

| 名 称 | 时代 | 出处及级别 |
|---|---|---|
| 灰陶壶（陶器） | 汉 | 黄店石家采集　国家三级 |
| 弦纹灰陶壶（陶器） | 汉 | 黄店八李村采集　国家三级 |
| 灰陶壶（陶器） | 汉 | 黄店石家采集　国家三级 |
| 素面灰陶罐（陶器） | 汉 | 黄店八李村采集　国家三级 |
| 双系弦纹圜底灰陶罐（陶器） | 汉 | 黄店八李村采集　国家三级 |
| 绳纹圜底灰陶罐（陶器） | 汉 | 黄店八李村采集　国家三级 |
| 双系灰陶罐（陶器） | 汉 | 黄店八李村采集　国家三级 |
| 黄釉三足陶仓（陶器） | 汉 | 黄店石家采集　国家三级 |
| 灰陶仓（陶器） | 汉 | 黄店八李村采集　国家三级 |
| 灰陶灶（陶器） | 汉 | 黄店石家采集　国家三级 |
| 灰陶灶（陶器） | 汉 | 黄店石家采集　国家三级 |
| 灰陶耳杯（陶器） | 汉 | 1963 年黄店采集　国家三级 |
| 素面灰陶罐（陶器） | 汉 | 黄店八李村采集　国家三级 |
| 灰陶棺（陶器） | 汉 | 1987 年黄店收购　国家三级 |
| 白瓷碗（瓷器） | 唐 | 黄店袁家采集　国家三级 |
| 白瓷碗（瓷器） | 唐 | 黄店袁家采集　国家三级 |
| 白瓷碗（瓷器） | 唐 | 黄店袁家采集　国家三级 |
| 虎头瓷枕 | 宋 | 黄店大路张张小三捐　国家二级 |
| 和平万岁奖章 | 1953 年 | 黄店袁家袁圣贤捐　国家三级 |

宋代虎型瓷枕

# 特色文化

镇区民间文化多姿多彩，文化遗产异彩纷呈。其中，庵陈村麒麟舞、业王村木偶戏深受群众喜爱。2010 年，庵陈村麒麟舞、业王村木偶戏被公布为中牟县级非物质文化遗产。2019 年 2 月，庵陈村麒麟舞被公布为郑州市非物质文化遗产。随着时代的变迁，庵陈村麒麟舞逐渐形成了集音乐、舞蹈、工艺美术、杂技于一体的民间传统艺术，对宫廷舞蹈史和民间舞蹈史有着重要的研究价值。

# 麒麟舞

## 麒麟舞起源

麒麟是我国民间传说中的神兽，是太平、吉祥的象征。据史料记载，麒麟舞原本是皇宫中的表演艺术，称为“麒麟圣舞”，是皇家各类庆典中必有的演出。清朝光绪年间，庵陈村的武举人陈殿三高中武进士，成为光绪皇帝钦点守备。为官期间，他耳濡目染，学会了麒麟舞。辞官还乡后，为了让至亲乡邻感受宫廷艺术的魅力，他在家族中收徒传艺，并编创了麒麟舞的表演环节和套路。从此，麒麟舞就在庵陈村落地生根。每到庆丰时刻和传统节日，庵陈人常以舞麒麟来表示庆贺祝福。庵陈村麒麟舞迄今已延续百余年，逐步发展为现在的演出体系。

## 麒麟扎制方法

表演用的麒麟，从头到脚最低的有 4 米，最高的有 5 米。麒麟的传统扎制方法为手工制作，使用竹木做成骨架后用纸糊好，再绘出鲜艳的鳞甲等，但这样做出的麒麟容易破损。后来民间艺人改进工艺，用竹木做出骨架后，再用彩色丝绸和镭射纸做出一片片鳞甲，把它缝制在麒麟的丝绸外套上，麒麟的头部、牙齿等部位用油彩绘制，这样做出的麒麟不仅色彩鲜艳、形象逼真，且结实耐用。

麒麟头样式不一，分为白鸽狮、斗牛狮、扁鼻狮、大头狮几种，其中白鸽狮头最重。麒麟头（白鸽狮）直径 50 厘米，高 38 厘米，重 2.5 ~ 6 公斤。麒麟头（白鸽狮）用糯米浆糊制成，其他几种麒麟头用老黄竹编制。麒麟（白鸽狮）的身被至少长 3.2 米，宽 2 米。麒麟头（白鸽狮）上绘有“一龙二凤一八卦”的图案和各种吉祥饰物，头和身被大多写有“风调雨顺　国泰民安”八个字，为“龙凤呈祥、驱邪佑吉、安居乐业、五谷丰登、天下太平”之意。

## 麒麟舞舞蹈技法

舞麒麟有十多人就可进行套路表演。表演时，每只麒麟由两人合作，一前一后协力配合完成动作。前者手举麒麟头，做出表现麒麟喜怒哀乐的各种动作；后者在麒麟内尾部，

麒麟舞　马健 摄

麒麟舞——上天桥　马健 摄

配合头部表演。一只红色麒麟和一只绿色麒麟，分别代表一雌一雄成对出场。麒麟舞队员身托 10 多公斤的道具，完成闪、转、腾、挪等系列动作，随着打击乐奏出的轻重缓急节奏，展示麒麟的各种动作及情绪。

庵陈村麒麟舞舞蹈技法分为麒麟舞技法和麒麟把式舞技法两个部分，其中重点是麒麟舞技法。

**麒麟舞技法** 麒麟舞的舞步以左右方向横向跳跃为主，这种跳法在民间舞蹈中极为罕见。麒麟舞技法由四个环节组成，传统的演出顺序依次是：出门、地摊戏、上桌子、上天桥。

出门：俗称“三出门”，出门过程是把式与麒麟打斗、降伏麒麟的过程。传说麒麟是火神的坐骑，新年到来时要到人间看热闹，把式多次阻止，最后把式用哨棒把麒麟打倒、降服。主要动作有撒欢、啃门框、衔哨棒、被打倒等，着重表现麒麟急于出门前的急躁心理。被打倒后的麒麟被把式用三声炮催促后再次起舞。

地摊戏：此环节是把式和麒麟斗闹、嬉戏的过程，主要动作有麒麟骈把式、把式骈麒麟、衔帽子、拿立领等，表现的是麒麟看到人间繁华后的兴奋心情。麒麟神态多变，有乐，有怒，有凌空腾起，有匍匐在地。

上桌子：此环节是麒麟在把式的引导下，展示自己本领的过程。舞蹈步法以左右脚交替横向跳跃为主。舞时以一张桌子为道具，麒麟把式和麒麟多次上下桌子，主要动作有啃桌腿、上桌子、头上尾不上、尾上头不上、下桌子等。

上天桥：此环节是整场表演的高潮部分，高难度动作多，惊险刺激。过去，天桥的道具由寨门、数十张桌子、两把老式圈椅搭建而成，现在老式圈椅不再使用，而是由数张一米八见方的钢结构桌子上下叠加拼成。天桥高度根据演出的规模、层次不同，搭建的高度也有所不同。现在表演高度一般为三层。表演时，麒麟把式、麒麟头、麒麟尾都在桌面上进行表演。麒麟把式先上天桥后会不停地打唿哨、做倒立动作，引导麒麟爬上桌子，然后再向上爬天桥。麒麟爬上天桥后，表演麒麟尾的人要把麒麟头凌空托起放在头顶，旋转几圈后再慢慢平稳放下。表演技巧高、难度大。全场数只麒麟威风凛凛，在音乐的伴奏下一起跳跃舞动，场面大气磅礴。

**麒麟把式舞技法** 麒麟把式舞和麒麟舞密不可分，环环相扣，主要动作有打唿哨、劈单叉、劈双叉、前后滚翻、倒立、蝎子爬等。麒麟把式舞须由会武术的人在专业老师的调教下，经过三五年练习才能进行表演。麒麟把式舞是庵陈村麒麟舞区别于其他地区麒麟舞的重要标志。

# 木偶戏

木偶戏是用木偶来表演故事的戏剧，是中国传统艺术之一，在古代又称傀儡戏。

业王村木偶戏属于托棍木偶，又称棍头木偶、杖头木偶，也称棍头戏，至今已有 100 多年的历史。

## 木偶的制作

木偶由三根木棍和一个偶头组成。一般偶高 1 米左右，由三根操纵杆组成。木偶的头部为主杆，双手为侧杆，其中一根操纵杆支配木偶头部与身躯。

木偶的制作过程非常复杂，一般是利用锯、斧、柴刀、雕刻刀等工具雕刻出骨架，采用石膏粉、油彩、油漆、木料等材料，搭配绸布、珠子、彩穗、风冠等进行装饰，使木偶生动形象。制作完成的木偶头部如拳头大小，身子用布制成，衣长 40 多厘米，胸围 18 厘米，袖长 38 厘米，外加水袖长 30 厘米，宽袍大袖，便于表演戏曲程式。

木偶戏 马健 摄

## 木偶戏的表演

逢年过节或农闲时，木偶表演者挑着担子走村串巷，利用屋旁空地，撑开围布、敲起锣鼓，把观众召集起来后就开始表演。一般情况下，表演者操控木偶在布围中进行。表演过程中有三名演员，其中包括对白、对打的角色。表演者左手持主杆，右手持侧杆，举起木偶操纵其动作。表演者举起木偶时便开始唱，动作和唱腔配合着一起进行，要求全身协调，身心并用，集动作、口技、唱功于一体，一场下来表演者往往口干舌燥，大汗淋漓。木偶戏表演的大多是传统戏曲剧目，演奏也多采用老乐器，如鼓架、手叉、边鼓、老弦、老笙、老笛、板胡等。

## 木偶戏的技艺特点

木偶戏的唱法、唱词独特，表演者步形准确，步伐稳健，与手势配合协调。表演效果惟妙惟肖，引人入胜。在木偶的艺术造型、设计、制作工艺和表演技巧上，在继承优秀传统风格的同时革旧创新，不断加以改进提高。

目前，木偶戏演出的剧目有《北城头》《打金枝》《见皇姑》《马方困城》《天齐庙》等。

木偶制作　马健 摄

# 风土民情

一方水土有一方风情。镇区人民勤劳善良，民风淳朴，在岁月的洗礼中积淀出丰厚的文化底蕴，形成了独具特色的风土民情。这种依附于百姓生活、习惯、情感之中的共同习俗，是中原文化的体现和传承。随着经济的发展、社会的进步、科学文化知识的普及和思想观念的更新，这些民俗风尚在传承中与时俱进，逐渐融入多元文化。

LOCAL RECORDS OF HUANGDIAN

# 土特名产

## 西瓜酱

黄店镇瓜豆酱历史悠久，是纯手工制品。镇区的牟味源西瓜酱尤为出名，在 300 多年的传统制作工艺基础上经过不断创新改进，获得“河南老字号”“河南风味名吃”等称号。2021 年 4 月，瓜豆酱制作技艺被列入郑州市非物质文化遗产名录。

瓜豆酱制作时间在一年之中的三伏天，由黄豆、食盐、西瓜等原料酿制而成，酱香纯正，清香微甜，是佐餐佳品。

原料为：西瓜，要完全熟，沙甜薄皮西瓜最佳；黄豆，要饱满，无霉烂变质颗粒。

制作过程如下。

煮豆：将黄豆煮熟，完全保持黄豆的颗粒状态，火候稍大为宜。

拌面：黄豆煮好后捞出，边控水边拌面。水控好后放到簸箕里，撒上白面，上下簸动，使每颗豆粒均匀滚上白面。

捂豆：首先准备好一个捂豆的地方，要求能保温而不透风。预备一些麦秸秆或锯末铺底（用来给豆子制造温度），再铺一层袋子或厚一点的纸，将滚好面的豆均匀地摊在纸上，上铺一层白纸，纸的上面再盖上棉被，开始捂豆。捂豆中不能掀开棉被观察，以防温度散失。

西瓜酱　马健 摄

晒豆：捂豆三天后会闻到很重的霉味，这说明豆已捂好。这时豆面上有厚厚的一层褐黄色的茸毛（霉菌），豆子之间黏黏地粘连着。将豆取出，摊在阳光充足的地方开始晒豆，直至将豆晒干。

搓豆：豆子晒干后轻轻搓去豆面的绒毛，用簸箕簸去杂质。

下缸：最好在室内，将簸好的豆放入缸内，西瓜去皮捣烂和食盐一同放入缸内，搅拌均匀。

晒酱：下缸后盖上白布，用绳扎好口，放到太阳充足的地方开始晒。晒酱就是发酵的过程。下缸的第二天，视酱的稀稠程度加入花椒、茴香、大料熬制的水。下缸第三天，酱面向上鼓起为明显发酵状态，随之酱味逐渐浓郁，酱色开始加深为黄褐色。发酵快结束时加入姜丝或姜片，也可加入煮熟的花生豆。

搅酱：每天早上或晚上搅酱一次，搅酱时最好上下翻搅，约一个月后即可食用。

## 手工粉条

黄店镇传统手工红薯粉条以冉家、罗家为代表，久负盛名。白薯粉条晶莹如玉，筋道可口；紫薯粉条色泽纯正，滑嫩柔软。宽粉条口感爽滑，极富弹性；细粉条牵丝如缕，绕碗系筷。粉条制作时间一般每年从 11 月开始加工，次年 1 月中旬结束。

原料：传统手工粉条不掺杂任何其他成分，全部由红薯粉和白开水加工而成。

和面：粉条好不好吃，关键在于面和得好不好。把红薯粉碎，晒干后放在大瓦盆里按比例搅拌，一直把红薯粉面搅拌成表面光滑、无疙瘩、不粘手、能拉丝、均匀细腻的软面团，掰开里边有针鼻大小的孔，面就算和好了。

罗家村粉条加工　马健 摄

煮面：把和好的面定型下锅煮。过去是用葫芦制作成瓢，瓢下边凿眼儿，用手一点一点地往下拍；如今采用机器煮，机器头部是一个可以旋转的圆片和一个圆桶，圆桶下边是均匀的圆眼儿，把和好的面放进桶内，圆片旋转压着面往下走，这样一根根粉条就出来了。通过机器控制桶底距锅内水的高度，可以控制粉条的粗细。煮面之前要不停地揉面团的边缘，面硬了需稍加点水才均匀，这样出来的粉条粗细均匀，口感也好。

煮粉条：煮粉条过程中要不停地加水，水温不能过高也不能过低，要控制在 90℃。

冷却：用干净竹竿挑起锅中浮起的粉条，直接用凉水冲。冷却后的粉条用竹竿绕成捆，以防粉条互相粘连。

干燥：冷却后的粉条即可挂在绳或竿上，均匀干燥，干燥后的成品即可进行包装。

## 庙会集场

庙会文化作为一种民俗活动，一般在农历新年、元宵节、小满节等时间举行。它不仅具有浓厚的民族色彩，而且具有鲜明的群众性、参与性和地域性。随着时代的变迁，当地镇党委、政府对古老的庙会予以保留，并加以改造更新，使之成为集旅游观光、休闲娱乐、购物餐饮于一体的民俗活动。

20 世纪 90 年代老照片骡马市集 段双奇 摄

黄店赶大集 马健 摄

## 寿圣寺庙会

寿圣寺庙会，又称双塔岗庙会，庙会年深久远，随着人民生活水平的提高，规模越来越大，2021 年 4 月被列入郑州市非物质文化遗产名录。

寿圣寺庙会设在冉家村，每年正月十六为庙会日。每逢庙会之时，村里人会请专门的戏班唱三天大戏以示祝贺，前来赶会的远近客商和邻村群众络绎不绝，人们携带点心、方便面、饮料等礼物走亲访友。进入 21 世纪，待客之风逐渐盛行，酒菜也日渐丰盛，待客村庄由原来的李家、袁家等村发展到郝营、冉家等村，庙会交易的商品也由原来的小吃、玩具、针线等变为农副产品、牲畜、树苗等。此庙会是中牟县历时最长、最古老的古庙会。

## 宝光寺庙会

宝光寺庙会设在段村，每年小满节时都会举办形式多样的文艺活动。庙会期间，村里会邀请传统民间乐队敲锣打鼓，一些民间艺人也会来这里展示才艺，以活跃节日气氛，比

寿圣寺庙会　中牟县委宣传部　供图

如唱大戏、扭秧歌、踩高跷等。每逢庙会之时，赶会的人会带上礼物走亲访友，会场上人头攒动，场面热闹。

### 黄店镇庙会场次及时间安排表

| 名称 | 地点 | 时间 | 举办单位 |
| --- | --- | --- | --- |
| 寿圣寺庙会（双塔岗庙会） | 冉家村 | 正月十六 | 冉家村　袁家村等 |
| 鬼李坟会 | 打车李　祥付营 | 正月二十五 | 打车李村　祥付营村　八府赵村南街 |
| 桂公祠会 | 黄店村 | 正月二十八 | 黄店村　街后赵村　河湾李村 |
| 庙会 | 岗陈村 | 二月初九 | 岗陈村 |
| 庙会 | 东谢 | 二月二十四 | 前杜村　东谢村　后杜村 |

续表

| 名称 | 地点 | 时间 | 举办单位 |
| --- | --- | --- | --- |
| 药王庙会 | 罗家村 | 三月十三 | 罗家村 |
| 庙会 | 绰王村 | 四月十八 | 绰王村　油坊王村 |
| 端午节庙会 | 街后赵 | 端午节 | 王俭村 |
| 宝光寺庙会 | 段村 | 小满节 | 段村 |
| 小满会 | 马庄村 | 小满节 | 马庄村　冯家村 |
| 黄店村会 | 黄店村 | 六月十二 | 黄店村　河湾李村 |

# 生活习俗

## 婚嫁习俗

**提　亲**　男方具书或托媒人到女方家问其命相生辰八字，女方若有意结亲便如实相告，媒人回复。

**定　婚**　男方认为命相八字相合，即备礼品由媒人送往女方，即“行聘”，民间称为“送定帖”。行聘之后，双方互换寄物，另择日期，双方各备贵重礼品交换“龙凤大启”，表示婚姻确定。

**送“好儿”**　双方商定结婚日期，男方书简帖送达女方。女方置办嫁妆，男方布置洞房，作好结婚准备。

**送嫁妆**　嫁妆是女方陪送闺女出嫁的衣物、家具等。在结婚前一天或结婚当天的早晨送到婆家。

**结　婚**　又称“过好”。在相爱且条件成熟的基础上，男女双方达到法定年龄后，到民政部门领取结婚证，通知男女双方亲朋好友、街坊邻居参加婚礼，按“送好”定下的时间举行婚礼。

## 生诞喜庆

**做九儿**　生孩子称“得喜”。孩子生后先给岳父、岳母家报喜，生男孩岳母给缝个围嘴兜些鸡蛋，生女孩做块尿布兜些鸡蛋（男孩为双数，女孩为单数），让女婿带回。3天后，岳母给做一身小棉衣和帽子，兜些鸡蛋，用竹篮扛着去看望女儿和外孙（女），商量做九儿事宜。一般男孩生后 12 天、女孩 9 天做九儿。

**祝　寿**　为老人过生日称祝寿。一般60岁“起生”，民谚曰“人活六十六，年年吃块肉”。此后每逢老人生日，儿女们都要给长辈“做生”，送生日寿糕、肉、点心等，并设宴庆贺。子女们也有在酒店摆寿筵的，也有请戏班唱大戏为老人祝寿。

# 岁时习俗

## 传统节日习俗

**春　节**　春节是农历正月初一，俗称“新年”，是一年中最为隆重的节日。旧时正月初一，男女老少各着新衣，各家鞭炮齐鸣，此谓辞旧迎新。晚辈向长辈叩首拜年，长辈给儿童压岁钱。初二是新婚夫妇到岳父、岳母家拜年，亲戚们相互拜访。初三是上坟祭祖。

**元宵节**　也称“灯节”或“上元节”，即正月十五。镇区各家有点灯盏之俗。元宵节期间，白天演出民间文艺节目，夜晚点灯火、赏花灯、放烟火，热闹非凡。庵陈村、业王村等村村民舞麒麟、表演木偶戏、踩高跷、滑旱船等，以欢度佳节。

**二月二**　农历二月初二，俗称“龙抬头”，家长喜欢在此日为孩子理发，期望孩子将来有出息。

**清明节**　此日镇区村民有门上插柳、上坟祭祖、给坟添土的习俗。上坟宜早，有“早清明”之说。

**端午节**　农历五月初五为端午节。人们在此日门上插艾、吃粽子、炸糖糕和菜角，出嫁姑娘回娘家走亲戚。

**中秋节**　农历八月十五为中秋节。节前数日，人们携月饼、水果等礼品走亲戚。当晚全家围坐在一起吃月饼、赏月，共享团圆。

**重阳节**　农历九月初九是重阳节，又称登高节、老人节。此日人们登高望远，饮菊酒、食糕点。

**冬　至**　俗称“交九”，此日吃饺子。镇区流传“数九歌”道：“一九二九不出手，三九四九沿凌走，五九六九风摆柳，七九六十三，行路客人把衣宽，八九燕归来，九九杨落地，十九杏花开。”

端午节包粽子 刘林杰 摄

重阳节孝老敬亲活动 李新华 摄

**腊 八** 农历腊月初八，俗称“腊八”。各家此日煮小米饭时掺以杂粮、红枣、柿饼等，名为“腊八粥”。

## 现代节日习俗

**元 旦** 1 月 1 日为元旦。

**妇女节** 即国际劳动妇女节，以 3 月 8 日为节日。镇内通常召开表彰优秀妇女工作者和好媳妇大会，对评出的先进妇女工作者、好媳妇进行表彰和祝贺。此日女职工放假半天。

**植树节** 每年的 3 月 12 日为我国的植树节。每到此日，镇区各村群众都要进行植树造林活动。

**五一劳动节** 中华人民共和国成立以来，国家将 5 月 1 日定为法定的劳动节。每年的这一天，镇区对有突出贡献的劳动者进行表彰。

**五四青年节** 每年 5 月 4 日为中国青年节。中华人民共和国成立以来，每年此日镇里召开大会庆祝，并对先进团员、青年进行表彰。

**国际儿童节** 也称“六一”儿童节。每年的 6 月 1 日，镇里学校举行新队员入队仪式，举办庆“六一”会演，救助贫困儿童，为贫困学生发放学习用品。

五四青年节党建书香活动 刘林杰 摄

**教师节** 1985年9月10日为中国第一个教师节。在每年的9月10日，镇内教育系统和全体教师举办庆祝活动，镇里召开会议表彰先进教育工作者。

**国庆节** 1949年10月1日，中华人民共和国成立，遂定此日为国庆节。每年10月1日前后，镇里组织各社区、各村举行庆祝活动。

# 方言土语

## 方 言

墩儿——凳子

阿杂——龌龊

谷堆——蹲下

枯楚皮——皱纹

月黑头——夜间没有月亮

小年歇——元宵节

鸠——鸡子

喷空儿——聊天

扁食——饺子

一拃——大拇指与中指张开的长度

不甩乎——不理

夜儿个——昨天

前儿个——前天

不得劲——不舒服或工具不顺手

头门儿——大门堂屋

当门儿——农村正屋

火鞭——鞭炮

瓤——不中用

bao（二声）——脖子

丢儿们——兄弟

木牛——没有

偶——牛

齐整——长得漂亮

斜货——呐喊

烧包——炫耀

胳老肢——腋下

胳肢——挠痒

袖——媳妇

## 农 谚

正月响雷坟谷堆，二月响雷粪谷堆，三月响雷麦谷堆。

麦收八十三场雨。

春争日，夏争时，五黄六月争回耧。

小满见三新（大麦、油菜、大蒜）。

麦熟一晌，蚕老一时。

掏钱难买五月旱，六月连阴吃饱饭。

旱收芝麻涝收豆。

该热不热，五谷不结。

锄下三分水。

秋耕深一寸，顶上一遍粪。

立了秋，挂锄钩。

秋分早，霜降迟，寒露种麦止当时。

麦盖三床被，头枕蒸馍睡。

一晚三分薄。

倒茬如上粪。

见粪不亲，穷断懒筋。

种地不上粪，等于瞎胡混。

春雾晴，夏雾热，秋雾连阴冬雾雪。

雹打一条线，霜打一大片。

早看东南，晚看西北。

云彩往东，下满坑；云彩往南，下满潭；云彩往西，披蓑衣；云彩往北，干研墨。

风是雨头。

八月十五云遮月，正月十五雪打灯。

吃了冬至饭，一天长一线。

冷在三九，热在中伏。

## 俗 语

生就的豆芽，长不成大树。

泰山不是垒的，火车不是推的。

一根芝麻秆，轧不出四两油来。

酒肉朋友，米面夫妻。

雨不大湿衣裳，话不多暖心肠。

墙高遮懒贼。

路在人走，事在人为。

早起三光，晚起三慌。

走路防跌，吃饭防噎。

头起难扎，末尾难煞。

远亲不如近邻，近邻不如对门。

冤家宜解不宜结。

灯不拨不亮，木不钻不透，话不说不明。

强龙不压地头蛇。

明白人好说，糊涂人难缠。

路不平有人铲，事不平有人管。

# 民间传说

民间传说是一种民间口头叙事文学，由与历史事件、历史人物及地方风物有关的故事组成，是历史文化中的一颗璀璨明珠。

黄店镇风景秀丽，人杰地灵，古老的文化孕育了众多的传说故事，散落于历史长河中。这些传说表达了人们惩恶扬善、对美好生活的向往，代代相传。

2009 年，寿圣寺双塔的传说被列入郑州市非物质文化遗产名录。

关于塔倒掉的原因，后来才有人说，是修塔的工匠在里面使了暗技，而冉坟西的砖头是西南的老百姓运砖时扔到半路上的。当地人为了不再重修，才故意以鬼神之说搪塞差役的调查。

# 赵匡胤黄店祈雨

张玉乾　张进才　王心友

相传在一千多年前，赵匡胤拎着铁棍闯天下的时候，到了黄店村西头的一个孔桥，他看见一群人围着一个土台子，台子上高搭神棚，摆着各种供品，人们烧香磕头，祈求神灵下雨。

两天没吃饭的赵匡胤看到贡品，顿时觉得又饥又渴，恨不得跑上去抓住这些东西吃个够。于是他就走上前去，高声喊道："呔，你们这些人等，吵吵嚷嚷为了何事？"

这一声吼不打紧，犹如平空炸雷，顿时人们都扭过脸来，用惊恐的眼睛看着这位红脸大汉。一位管事人走过来对他说："是在求雨！"

赵匡胤又问道："你们敬那是啥？"

管事人对他说："那是全神爷！"

赵匡胤哈哈笑道："你敬那死爷会下雨吗？我看不如敬我这个活爷！"

管事人求雨心切，耐着心问道："敢问活爷，你会叫下雨吗？"

"我说现在下雨等不到天黑，说鸡叫下雨，到不了天明！"赵匡胤答道。

人们一听都很气愤，心说这狂徒真不知天高地厚，但还是耐着性子问他如何敬法。

赵匡胤说："这些供品给我，我才能求雨！"

管事人把供桌抬来，赵匡胤也不推让，坐下吃喝起来，他边吃边想溜走的主意。可他哪里走得脱，人们早把他围得水泄不通。就在他坐下吃喝的时候，人们还垛起秫秸秆泼上油，一旦赵匡胤求不下雨，人们就打算就把他抬上去活活烧死。

赵匡胤酒足饭饱，用手抹抹嘴，正准备站起，管事人忙问道："敢问活爷什么时候有雨？"

赵匡胤信口说道："午时三刻有雨！"

黄店田野风光 马健 摄

人们这时准备火种，想等午时三刻若不下雨，就要点火。

赵匡胤假装从容地走上神台，合胸闭目，盘膝面南而坐，像是在祈祷又似念经。

到午时一刻，天气晴朗如初，万里无云，没有一点下雨的征兆，人们便七手八脚地把赵匡胤抬上秫秆垛顶。赵匡胤这时候也有些后悔不该一时胡言招来横祸，但他仍装模作样甩着求雨用的大麻辫，说是在赶云彩。

眼看就到了午时三刻，天空中顷刻间浓云密布，狂风大作，云头和太阳光相碰，挂着金边。

赵匡胤看着天色变化，高声说道："马上就要下雨，还不快些把我放下！"

人们又说："这雨还带冷子（冰雹），是孬雨！"

赵匡胤大吼一声："好冷子不打高黄店！"

说时迟，那时快，一声炸雷，瓢泼大雨从天而降，果然雨中有冷，但冷子只落到街东，没有落到街西。

这场求来的雨彻底征服了众人，大家对赵匡胤感激不尽，追问是哪路神灵，赵匡胤只言"匡印"二字，就装作高人模样扬长而去。

据说，赵匡胤登基后，一日想起啼笑皆非的求雨之事，便笑着自言自语道："朕当年投奔无门，身无分文，这一日观其'小燕低飞蛇过道'之降雨天象，为填饱肚子方施祈雨之计。"而为了隐瞒这段事，赵匡胤暗下圣喻，钦封祈雨之地为黄店村。皇帝的圣名传出后，众乡民才知道，原来他们一直搞不清来路、怀疑是"神仙下凡"的祈雨之人竟然是开国皇帝。于是人们又出资在求雨台处建造太祖祠和太祖桥，以作纪念。

# 革命烈士

黄店镇拥有独特的风土民情和历史文化，孕育出众多爱国奉献、勤劳奋斗的人民，曾涌现出多名革命烈士。他们为国尽忠、赴汤蹈火，谱写了一曲曲感人肺腑的英雄赞歌，他们不平凡的事迹镌刻在这座古镇的记忆里。

## 烈士名录

| 姓名 | 性别 | 籍贯 | 出生日期 | 入伍时间 | 牺牲时间 |
|---|---|---|---|---|---|
| 苏定功 | 男 | 王俭村 | 1930 年 3 月 | 1950 年 1 月 | 1953 年 2 月 |
| 王林昌 | 男 | 罗家村 | 1931 年 10 月 | 1951 年 4 月 | 1952 年 7 月 |
| 郭永福 | 男 | 郭庄村 | 1931 年 | 1951 年 4 月 | 1952 年 |
| 马永信 | 男 | 马前马村 | 1925 年 6 月 | 1951 年 4 月 | 1952 年 6 月 |
| 王松窝 | 男 | 绰王村 | 1927 年 9 月 | 1951 年 8 月 | 1953 年 7 月 |
| 马绍钦 | 男 | 马后马村 | 1932 年 3 月 | 1951 年 9 月 | 1953 年 10 月 |
| 王法生 | 男 | 沙沃庙村 | 1935 年 4 月 | 1952 年 9 月 | 1953 年 6 月 |
| 魏广明 | 男 | 黄店村 | 1939 年 8 月 | 1962 年 | 1970 年 5 月 |

注　郭永福战场失踪，1961 年追认。

# 大事记

黄店镇历史悠久，文化底蕴深厚，每一阶段发生的事都繁若星辰，留下了深刻的岁月痕迹。本部分辑录的是曾对辖区的社会、经济、文化产生过较大影响的事件，它们构成了辖区历史发展的脉络，起着引领镇区历史、推动镇区发展的重要作用。

LOCAL RECORDS OF HUANGDIAN

唐代，始建寿圣寺。

宋代，始建寿圣寺双塔。

1927 年，镇区分属第七区和第八区。

1941 年，镇区属丁庄乡。

1948 年 10 月 22 日，辖区解放。辖区当时属岗王区。

1950 年 8 月，中牟县划为 8 个区，镇区属黄店区。

1951 年，辖区实行土地改革，实现耕者有其田。

1951 年，中牟县设 8 个区，镇区属第七区。

1955 年 9 月，中牟县设东漳、白沙、三官庙、姚家共 4 个区，辖区属姚家区。

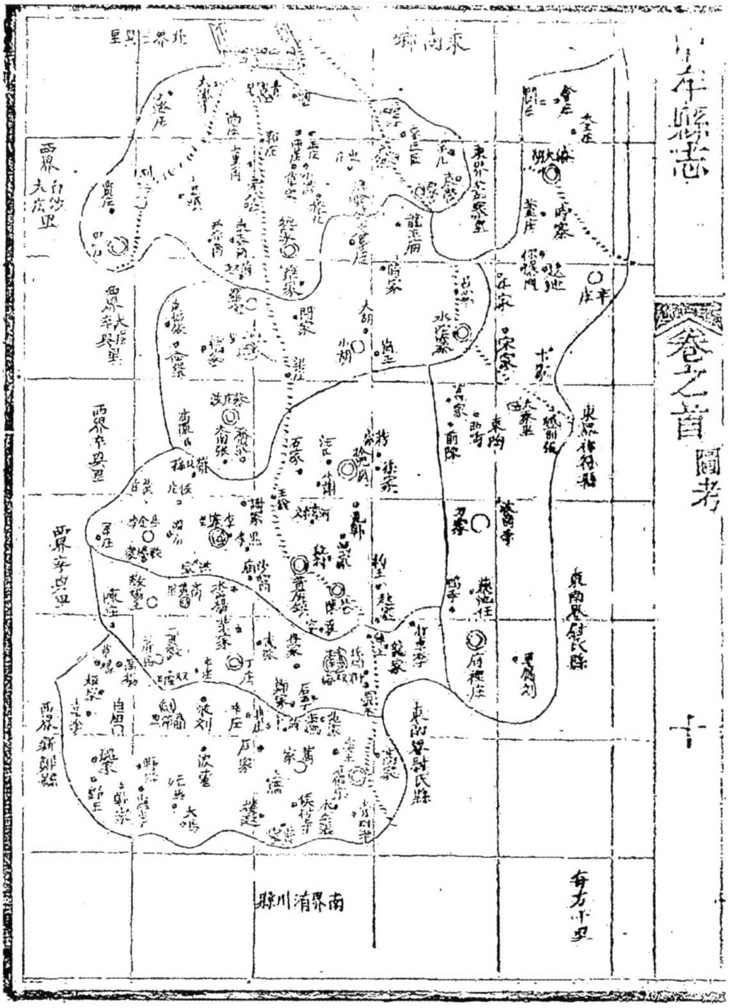


同治《中牟县志》中的黄店镇

1955 年 12 月，撤区设乡，辖区改称黄店乡。

1956 年，成立黄店乡第一家医疗卫生机构——黄店卫生院。

1956 年 12 月，中牟县设 21 个中心乡 1 个镇，镇区改称黄店中心乡。

1958 年 7 月，中牟县设 9 个乡 1 个镇，镇区称黄店乡。

1958 年 8 月，成立人民公社，镇区改称黄店人民公社。

1958 年，在黄店公社的宝光寺建成中牟县立第七初中，是黄店镇第一初级中学的前身。

1961 年 8 月，中牟县划分为 1 个镇 5 个区，镇区为黄店区。

1962 年 8 月，中牟县划分为 1 个镇 10 个区，镇区为黄店区。

1963 年 2 月，黄店区改称黄店人民公社。

1970 年 2 月，中牟县设 13 个公社革命委员会，镇区为黄店公社革命委员会。

1971 年，中牟县 13 个公社革命委员会恢复为人民公社，镇区为黄店人民公社。

1974 年 9 月，中牟县设 19 个人民公社，镇区为黄店人民公社。

1978 年，在业王村发现新石器时期裴李岗文化遗址。

1979 年，在业王遗址发现裴李岗文化遗物——石磨盘。

1982 年，黄店公社农业生产普遍实行大包干责任制，集体生产农具、牛驴骡马、土地等分包给群众。

寿圣寺双塔　马健 摄

1983 年 11 月，黄店公社改为黄店乡。

1986 年，寿圣寺双塔被河南省人民政府确定为省级文物保护单位。

1992 年，黄店镇政府投资兴建集体企业——中牟县八一毛纺厂。

1993 年 3 月，全面放开粮价，废止粮票。

1995 年，由河南省文物局拨款 6 万元，中牟县文物保护管理所自筹资金 7 万元，对寿圣寺双塔的西塔进行修缮。

1995 年、1996 年，黄店乡文化站被评为河南省百强文化站。

1996 年，黄店乡中心学校成立，负责全乡中小学及幼儿园教育教学管理工作。

1996 年，黄店乡获得中牟县农田水利基本建设“水利杯”竞赛活动一等奖。

1998 年，黄店乡基础教育通过河南省、郑州市验收，达到“普九”要求。

1999 年，黄店乡实施村级卫生组织“一体化管理”。

1999 年 11 月 5 日，黄店乡福和希望小学落成，与郑州市管城区东关小学结为手拉手联谊学校。

2000 年 10 月，撤乡设镇，黄店乡改称黄店镇。

2000 年 11 月底，黄店镇袁家村发现一座明代古墓，发掘出土陶香炉、泥质灰陶双系罐、宋代铜币、汉砖及放在棺木上“避邪”的铁器。

2003 年 9 月 9 日，黄店镇一中校园内发现一处战国时期墓葬，挖掘出两个绳纹环底灰陶罐、一个陶碗及大量陶片，经鉴定，两个陶罐属国家三级文物。

2004 年，重修寿圣寺，建成大雄宝殿等建筑物。

2005 年冬，黄店镇沙沃庙村西 50 米发现一座汉代砖室墓，出土有陶鸡、陶猪、陶狗、陶猪圈等。

2006 年，黄店镇开始实行新型农村合作医疗保险制度。

2006 年，黄店镇人民政府根据国家政策取消了农业税。

2008 年，黄店镇实现村村通柏油路，总里程 150 千米。

2008 年，黄店镇实现村村通电话，当年底全镇电话装机 2950 门。

2008 年，黄店镇政府筹集 100 万元修建了梁冯公路大桥。

2008 年 6 月，业王遗址被公布为第五批河南省重点文物保护单位。

2010 年，庵陈村麒麟舞、木偶戏被公布为中牟县级非物质文化遗产。

2011 年 8 月，黄店镇投资建设的镇卫生院门诊综合楼投入使用。

寿圣寺 马健 摄

村村通柏油路——梁冯路　马健 摄

2012 年，黄店镇被列入郑州市 27 个新市镇之一，开启新型城镇化建设。

2012 年开始，对寿圣寺双塔进行抢险维修加固。

2012 年 12 月，黄店镇圈后村由郑州航空港区代管。

2013 年，对寿圣寺双塔周边环境进一步治理，加固寨墙以及对塔前广场进行建设等。

2013 年，黄店镇调整小学布局，宝光寺小学、油坊王小学五六年级合并到打车李小学。

2013 年 1 月，黄店镇黄店村获得“省级卫生村”称号。

2013 年 5 月，寿圣寺双塔被国务院公布为第七批全国重点文物保护单位。

2013 年 7 月，黄店镇黑李、水西、石家、武张、洪家、八李、郝营、侯庄、大路张、申家 10 个村由郑州航空港区代管。

2013 年 8 月，黄店镇《郑州市中牟县黄店镇总体规划（2012—2030 年）》获批。

2013 年，黄店镇被评为郑州市 2013 年度城乡综合考评先进乡镇。

2014 年，郑州市选定黄店镇祥付营村等 5 个村作为农村土地承包经营权确权登记颁证试点村。

2014 年，黄店小学扩建，新建教学楼两座。

黄店村 马健 摄

2014 年，黄店镇新建一所社会养老服务中心。

2015 年，黄店镇获得“2014 年度郑州市文明村镇”称号。

2015 年，黄店镇流转土地 2700 余亩，实现全镇土地流转零突破。

2015 年，武家、段村两个省级贫困村退出贫困序列。

2015 年，黄店镇被评为郑州市小城镇建设一类乡镇。

2015 年，黄店镇开始实施天然气管道工程。

2016 年，黄店镇建成镇区文化活动中心。

2017 年，黄店镇实现安全饮水工程全覆盖。

2017 年，黄店镇总投入 7800 万元的水利示范乡镇项目完工，覆盖全镇 4 万余亩农田。

2017 年，黄店镇庵陈村麒麟舞在郑州市华夏优秀传统民间文化集中展演中获得一等奖。

2018 年，黄店镇关停仅有的 2 家规模以上工业，回归工业零时代。

2018 年 3 月，黄店镇庵陈村麒麟舞在郑州市“我们的中国梦”文化进万家系列文艺展演——非物质文化遗产展示活动中获得一等奖。

2019 年，黄店镇投资建设的王俭村、黄店村等 12 个村级便民服务中心和文化活动广场投入使用。

2019 年 2 月，黄店镇庵陈村麒麟舞被公布为郑州市非物质文化遗产项目。

2019 年 5 月，黄店镇获得“市级文明村镇”称号。

2020 年，黄店镇投资新建黄店镇一中教学楼、教师周转用房及操场。

2020 年，黄店镇成功创建省级卫生镇。

2020 年 7 月，黄店镇获得“2019 年度郑州市人力资源社会保障系统脱贫攻坚先进单位”称号。

2020 年 9 月，举办黄店镇首届农民丰收节。

2021 年 4 月，黄店镇在业王村文化广场举办“党建引领　薪火相传”文艺比赛，热烈庆祝“五一”国际劳动节和“五四”青年节。

2021 年 6 月，黄店镇在黄店村文化广场隆重举行庆祝中国共产党成立 100 周年文艺汇演。

2021 年 9 月，黄店镇开展 2021 年度 99 公益活动表彰。

2021 年 12 月，寿圣寺双塔遗址公园正式开工建设。

2022 年 3 月，黄店镇新时代文明实践所开展“好婆婆　好媳妇”表彰活动。

2022 年 7 月，黄店镇举办“党建引领践初心　同心筑梦迎七一”文艺活动。

2022 年 9 月，黄店镇开展 2022 年慈善助学金发放活动。

2022 年 9 月，黄店镇开展 2022 年度 99 公益活动表彰。

2022 年 9 月，黄店镇召开庆祝第三十八个教师节暨表彰大会。

2022 年 9 月，黄店镇开展“党建引领风帆劲　乡村振兴谱新篇”直播助农活动。

# 口述史

辖区人民用勤劳和智慧改变着这块土地，留下了诸多的精神和物质财富。尤其是中华人民共和国成立之后，这里的人民过上了丰衣足食、丰富多彩的新生活。镇区面貌日新月异、经济发展卓有成效、乡村振兴稳步推进，则彰显出其蕴含的蓬勃活力、巨大潜力和独特魅力。

LOCAL RECORDS OF HUANGDIAN

# 我是村里第一个共产党员

口述：王国贤

整理：吴亚楠

我叫王国贤，1929年出生，是中牟县黄店镇杓王村人，今年已经93岁了。我是一名老兵，也是我们村第一个共产党员。这么多年，我经历了从旧社会到新中国的发展，也见证了家乡的变迁。

1948年，我加入了陈毅麾下的部队，随后参加淮海战役、渡江战役和解放舟山群岛的战斗。在解放舟山群岛的一次战斗中，我们班冲锋在前，我不顾腿伤，用冲锋枪打掉了敌方一个重火力点，为战斗胜利赢得了机会，因此被评为丙级战斗模范。到现在，我受伤的这条腿仍行动不便。经过战争历练，1949年1月，我正式加入中国共产党。1950年秋天，我从浙江复员回到家乡，在袁家小乡（当时的行政区划，含现在的杓王村、袁家村、打车李、祥付营等）当不脱产的党支部书记。

我刚回来那阵子，主要的工作是搞土地改革，把私有土地改为公有制。当时有的群众不理解，有抵触情绪，我和其他村干部就耐心细致地做思想工作、讲党的政策，在我们的努力下，群众慢慢接受了新的政策，这项工作逐渐顺利推进。

乡村绿化　李新华 摄

20 世纪 50 年代，我们还带领村民植树造林。植树造林的建议在我们村是我最先提出的，在得到村干部一致赞同后，我们就向群众讲解植树造林的意义和将来的好处。许多村民积极响应，于是我们一起在村子四周栽树。一年下来，植树有了不小的成绩，原来一刮风村子四周黄沙四起的情况有所改善。到了第二年，植树工作更好推进了。就这样，经过三年的努力，我们村四周都种上树了，再遇到大风也没有那么多黄沙了。到了 60 年代，树木逐渐成材，给村民带来的好处更加明显，村民在工作中越来越配合，不少干部和群众称赞我当时有眼光、提议好。

到了七八十年代，我还当过信用社的信贷员，当时谁想发展生产需要贷款，都喜欢来找我，因为我带着他们办手续办得快。为了行动方便，我还买了辆旧自行车来回跑。能帮群众申请到贷款用于发展生产，我也感觉是一件很有意义的事。到 90 年代，我年龄也大了，参与乡里、村里的事务也逐渐减少，但家乡的发展变化我都看在眼里——吃的穿的住的用的都不缺了，村里的土房、茅草房也都变成了崭新的瓦房，大家的生活都越来越好。

不过，党组织没忘记我这个老党员、老兵，村里每年都会给我发福利，乡里、县里也常来慰问，送来米面油等生活用品，重阳节还为我们这些老人过集体生日哩。

2021 年 7 月，乡里把“光荣在党 50 年”纪念章送到我家里，我觉得，这辈子活得值了。共产党把我由一个穷苦娃培养成共产党员，部队的大熔炉把我锻炼成一名战斗模范。共产党员就得不忘初心，时刻牢记为人民服务。现在我年龄太大，做不了啥大贡献了，但我仍

杓王秋收 马健 摄

在利用主题党日活动给年轻党员讲抗战、解放初期的历史，讲这些年来的发展历程，尽自己的一点微薄之力传承红色精神。

## 古老小镇新生活

口述：刘根成

整理：刘振宇

我叫刘根成，1946年生，是黄店镇黄店村人，我在村里生活了一辈子，对黄店很有感情。

我记得小时候的生活，就和大家在电视上看到的旧社会差不多，缺衣少穿、生活穷苦。黄店这片地方真正过上好生活，还得从新中国成立后说起。

20世纪50年代起，有一段时间自然灾害频发、水利设施缺乏，加上生产条件落后、生活物资短缺，村民的生活还十分贫苦。但黄店人勒紧腰带，战胜了重重困难，鼓起干劲打井修渠、疏通河道、平整土地，一穷二白的面貌逐渐改善。80年代，黄店实行家庭联产承包责任制，极大激发了村民的生产积极性，全村解决了温饱问题，改革开放以后，群

黄店镇古民居之一 马健 摄

黄店镇古民居之二 马健 摄

众生活发生了巨大变化，从温饱到“富起来”，衣食住行用各方面都实现了跨越。

先说吃和穿。解放前穷苦人无米下锅，最怕家里来客人没办法招待。要是谁家来客能炒盘鸡蛋、炖碗豆腐，就是丰盛的美餐。70年代，因为小麦产量低，村民多以红薯撑过日子，蒸红薯叶、熬红薯稀饭、蒸红薯面馍、掺榆树皮粉做红薯面条，一年四季吃喝都离不开红薯。而现在，家家户户再也不愁吃喝，饮食更注意营养搭配了。六七十年代衣服常常打补丁，现在再也不用发愁换洗的衣服，尤其是孩子们穿衣服还讲究品牌。

再说住，这些年居住条件的改善更是不得了，六七十年代盖的茅草屋、低矮的平房早就不见了，村民们现在的住房不仅外观漂亮，室内更为讲究透光、通风、环保，装修和摆设既新潮又高档，墙纸、吊灯、地板美观时尚，空调、彩电、沙发一应俱全。在黄店村东北角刁白路南边，有一家姓朱的村民，大概七八年前盖了一栋水泥结构的两层小楼，卧室、客厅、厨房都收拾得高大上，房子还带了个室内的车库，院子建成了小花园，种上了果树，非常漂亮。在黄店东头，一上大道就能看到这个房子。可能是受他的影响，这些年大家盖房子也都喜欢盖成两层楼，房子里用的东西也一家比一家更讲究。就说那床上用的羽绒被、蚕丝被，不说盖上咋样，手一摸就感觉特别舒服。

黄店镇现代住宅　马健 摄

生活好了，大家的出行方式也在改变。过去，村民外出全靠肩挑、手提物品徒步行走，到七八十年代农户开始安装或购买架子车、自行车。我还记得，村里最早的拖拉机是集体的，到 70 年代村上才有一位姓王的村民自己买了辆东方红牌拖拉机，那应该是黄店镇最早的一台私家拖拉机了。我家算是村里买车比较早的了，1979 年买了一辆箱货大车用来搞运输，到西瓜成熟的时候，我们还开车到郑州市里去卖西瓜。后来我们家还买了辆昌河面包车，2000 年左右面包车换成了小厢货车，能坐 6 个人，还能拉货。我在村西头开了个销售门店，就常用这辆小车去进货。

2000 年后，村里普遍开始买车。如今两轮、三轮电动车很普及了，大约四分之一的人家都有轿车，有些家还不止一辆呢。

随着生活越来越好，村民的文化休闲方式也有了可喜的变化。傍晚，男女青年伴随着音乐的旋律唱起卡拉 OK，村民们跟着音乐节奏跳起广场舞，围观的老人和孩子们也跃跃欲试。有次，广场上跳舞的大妈风趣地跟我说：“现在咱黄店人也学会了城市里的生活方式。”

# 百年沧桑岗陈村

岗陈村位于黄店镇西，因背依黄土岗聚居陈姓而得名。岗陈村 81 岁的老人陈富贵说，岗陈村应该有 600 多年的历史了，据传为明代洪武年间由山西洪洞县移民而来。至今全村均为陈姓居民，数百年来几无二姓混居。

“岗陈村与老寺岗、双塔岗并称为‘中牟三岗’，自古以来陈姓族人齐心团结、勤俭持家，再加上土地肥沃，是方圆闻名的富村。”2015 年 1 月 12 日，陈富贵正和七八个村民围在一起烤火，说起岗陈村的来历，老人侃侃而谈。

中华人民共和国成立前，岗陈村有多名地主，其中陈继宇（音）较为有名。他家有数百亩良田，在村里口碑还算可以。在岗陈村内，如今还完整保留着陈继宇家的三间故居。陈富贵说，这所老屋至少有 250 年的历史了。

该民居为典型的鞍架风格混砖建筑，前后房檐不见木质结构，从外观看，内为两层设计，前脸上部有三个拱券亮窗。随着新型城镇化的推进，家园式民居被社区楼房取代，而具有历史文化特色和别具风格的民居建筑也越来越少。“所以作为古代民居的典型代表与传统村落的见证者，陈继宇故居理应得到重视和保护。”有村民建议。

除了陈继宇家的老房子，村里还有许多旧民居。

“我看过不少拍摄黄河两岸的抗战剧，里面的房子有很多跟岗陈村的古民居一模一样，但是都是借用山西的，我当时就想，要是把岗陈村的古民居好好拾掇一下，拍摄抗战剧来这里也行。”陈国富指着村西一所老房子说，这是他的爷爷陈全喜曾经住过的老宅子，由于年久失修，五年前坐北的老宅屋顶塌了一部分，自那之后，这整座房子就彻底荒废了。陈国富说，这座老宅已经有 100 多年历史，前几年屋里还有许多古饰品，现在几乎没什么东西了。

在陈继宇故居旁，还有一棵古老的皂角树，时值冬季，一树萧条，难睹其蓊郁苍翠的容颜。问起树龄，陈富贵说他记事起就是这个样子，听老人说有二三百年吧。还有村民说近年来时常有外人进村，说要购买此树，价钱都出到了 5000 多元，均被村民断然拒绝。

岗陈村中一道土岗上还有一棵古老的朴树，村里人称其为“水黄瓜豆树”。此树有一抱粗，高约 3 丈，树盖很大，最奇特的是树根盘根错节，交叉纵横，如数十条虬褫抓地，单是暴露在外面的根系，东西长有 10 米、南北宽有 7 米。

岗陈村 70 岁的村民陈小河说，在他很小的时候，这棵树就长在这道土岗上，那时候没有这么多的树根露在外面。经历风吹雨打，土岗周围的土流失了不少，根系就露了出来。“小时候，每逢五黄六月、焦麦炸豆那时候，晌午或是晚上，大人们都在树下凉快，我们孩子家就在树上摸树猴、在树根里藏猫虎（捉迷藏）。”陈小河说，“究竟这棵树有多大岁数了，我还真说不清楚。”

据陈小河和旁边的几位村民介绍，这棵树在夏初开花，花是黄色的，很小，秋天结果，果实大的如黄豆，小的像绿豆，能吃，不苦。而在密密匝匝的树根之上，有一棵冬青树悄然跃上，似龙须摇摆，令人称奇。

有村民说，曾有人三番五次来到岗陈村要花大价钱买这棵树，被陈小河和村里的老人坚决制止了。“这棵树代表了俺岗陈村的历史，也是岗陈村古老的象征，就像岗陈村的魂一样。”陈小河说，“一旦被砍伐当木材卖了就一文不值，但长在这里它就是无价之宝。”

岗陈村还是方圆有名的古村落。“每年都有好多古董商到我们村里来收古董。”村民陈光义说，“很多古饰品都被村里人以 500~1000 元的价格卖了，原本一些人家还收藏些古饰品，现在也都不好找了。”据陈国富说，他们亲戚家现在还留有 100 多年前的一块匾。

（选编自《中牟邑记》张朝晖编著，2021 年 3 月）

# 传统技艺麒麟舞

**口述：陈高峰**

**整理：刘振宇**

我叫陈高峰，1975 年出生，是庵陈村人，也是麒麟舞的代表性传承人。

庵陈村麒麟舞至少有两三百年的历史了，小时候，我们村演麒麟舞的人很多，我就跟着学习。

20 世纪 80 年代初，农村娱乐项目很少，作为我们村独有的传统项目，麒麟舞这时候就凸显出来价值。在我小时候的印象中，麒麟是用布、桐油、油漆等制作的，结实还耐用，关键是看着“稀罕”，所以村里每次演出，全村七八百人几乎都会跑去看热闹。麒麟舞队还常在正月初一和元宵节前后到县城演出，十里八乡的人都会被吸引过去。两个人站在高高的天桥上舞动麒麟腾挪跳跃，看着既心惊又让人忍不住鼓掌喝彩。在这样的氛围中，我喜欢上了麒麟舞。

麒麟分大小麒麟，刚开始我学的是小麒麟，从基本动作开始学起，然后才试着舞大麒麟，十三四岁的时候就玩得比较熟练，至今已经 30 多年了。

这些年来，麒麟舞的队伍一直没怎么壮大，算上乐队等也只维持在 40 人左右的规模。为什么呢？因为麒麟舞是个体力活、更是个技术活，大的麒麟头有的重达十几斤，没有力气要不起来，有了力气还得有技巧，一些动作要领很难快速掌握，没个一年半载根本无法入门。就拿最近 10 年来说，每年都有新人进入队伍，但“新鲜血液”和因年龄大而“退休”的人数基本持平，所以队伍基本没有扩大。好在这些年政府加强了对传统文化项目的保护，2010 年，中牟县申报第一批非遗项目，麒麟舞就被纳入其中了，从此县文化局加大了对麒麟舞的扶持，包括服装、道具、技术指导等方面，其中 2017 年扶持资金达到 10 万元。

这些年来，我们的演出以文化局组织的公益展演为主，不管是非遗日、元宵节，我们都会被邀请过去。我记得 2017 年 2 月和 2018 年 3 月，我们参加了郑州市文化局组织的优秀传统文化展演，还获得了一等奖，证书我现在还保留着呢。

我今年 47 岁了，体力不如从前，我最早带的学生也都 20 多岁了，他们舞得都不错，但有的去上了大学、有的外出做生意了，几乎没机会玩了。我曾一度担心麒麟舞会不会断了传承，好在县政府的支持消除了我的顾虑。2017 年和 2019 年暑假，县里组织过两次暑期非遗培训班，每次都有 40 个左右 8~14 岁的孩子来学习。现在，他们之中有五六个孩子表现很突出，已经舞得像模像样了。虽然学业任务繁重，但出于对麒麟舞的热爱，这几个孩子常参加演出。有了他们“接班”，我心里踏实多了。虽然他们还没有获得正式官方认定的“传承人”身份，但事实上他们已经在传承麒麟舞技艺了。我更欣慰的是，还有一批更小的孩子也对麒麟舞感兴趣，我完全不用担心麒麟舞短期内失传的问题了。

作为麒麟舞的代表性传承人，我希望更多的人能关注麒麟舞，希望这个带有中国传统年味的精彩传统技艺能够一直传承下去。

# 小小红薯见证时代变迁

口述：杨献增

整理：刘振宇

我叫杨献增，1971 年出生，是黄店镇打车李村人。从出生开始，我就生活在黄店，是吃着家乡的红薯长大的。红薯在咱河南俗称“红薮”，因为产量高、食用方便，饥荒年景时成为主要的救荒食物。黄店镇多是青沙地，下面还有底土，很适合种红薯，所以种红薯的历史悠久。

要说我们村谁最熟悉红薯种植技术，我应该算是其中一个。这些年，我们村的红薯苗培育方式升级了一次又一次，红薯的品种也换了一批又一批。

听村里老人们说，早些年我们村种春薯多采用温床育苗，这是没有塑料布时使用的老方法了。就是在地上挖个长方形的土坑，填些牲畜粪便等酿热物，再把薯种埋进去让它慢慢发芽。这种育苗法很难把温度控制好，出苗率不高，成苗较晚，容易造成春薯延迟栽种，影响产量。

1954 年，我们村开始推广火炕育苗法，用的多是回笼式火炕和顿水顿火式火炕，后来有了塑料布，又开始推广塑料棚土温室。这几种老方法都需要烧煤，费料又费工，成本比较高。到了 20 世纪 80 年代，村里多数采用塑料薄膜朝阳楼和太阳能育苗法，既省工又省钱，而且还能多层薄膜套用，效果也挺好。

我大约是从 2000 年之后开始做红薯育苗的。记得最早在新郑看到别人卖红薯苗挺赚钱，就把小红薯苗买回来培育，等长大一点再剪苗卖。刚开始尝试时我非常谨慎，就弄了几亩地。为啥不敢步子大一点呢？因为我知道我们这里红薯品种换代太快，要不断创新、研究、推广。我记得从 50 年代到 80 年代，黄店先后推广过胜利 100、华北 553、南阳红、南阳黄、丰收白、新大紫、南京 92、宁薯 1 号好多个品种，80

黄店特产——蜜薯　马健 摄

年代徐薯 18 成为主要红薯品种。这些走马灯式被淘汰的品种，有些是因为产量不高、有些因为口感不好，所以我开始培育时才很谨慎。幸运的是，我当时试种的是商薯 19，这个品种因为品质好、适合做粉条用，到现在还广泛种植。

这些年来，周围几个村也有人和我一样搞红薯育苗，红薯种植就更普遍了，几乎家家户户都会种一些。总体来说，周围几个村的育苗基地在逐渐扩大，品种也在增加，如商薯 19、西瓜红、蜜薯等品种，不用走多远就都能找到。红薯育苗客户辐射范围也很广，比如有个一年买上百万棵红薯苗的客户就来自洛阳。

如今，原来饥荒年救命的红薯摇身一变成了保健的副食品，人们越来越追求红薯的口感和营养，市场的需求成了品种升级换代品的“风向标”，只有受市场欢迎的品种才最赚钱。就说前几年出的“蜜薯”品种吧，我从 2020 年才开始试种，是从几百里外以每株苗 3 毛钱的价格买回来的。我试种成功了，还发现这品种真甜，产量和效益都还不错，可受市场欢迎。这几年，附近几个村还有好几户都在引进和试种新品种，大家都想靠推广新品种走上致富路。

我觉得，我们黄店的自然条件适合种红薯，希望能有更好的品种更新换代、更适应市场的需求，也希望黄店的红薯能够走出中牟、走向全国。

# 手工粉条带来浓浓年味

**口述：冉允奇**

**整理：刘振宇**

我叫冉允奇，1973 年生，是黄店镇冉家村人。黄店镇种红薯的比较多，过去，手工红薯粉条是过年必备的年货之一，到现在不少村子仍保留着年前打粉条的传统。我和我们村的几个村民也建了一个粉条加工点，十里八村的人都喜欢到我们这里来加工。

加工粉条要先和芡，就是把打成粉状的红薯加白开水进行搅拌，和蒸馒头和面差不多，行内也叫“打糊糊”。和芡这道程序很重要，因为粉条做得好不好，其中有六七成取决于和芡。芡必须揉得一点疙瘩都没有，硬了要加水，不然芡糊糊不均匀，做出来的粉条粗细不一，还会影响口感。一般来说，芡和到没疙瘩、不粘手、表面像丝绸一样光滑，掰开里边有针鼻那样大小的孔时，就算和好了。

和好的芡粉要下锅煮，这曾是最累的一道工序——因为早些年没有工具，我们就把半边葫芦做成的瓢下面打几个孔，把芡糊糊倒进去再用手去压，让芡糊糊变成细条下锅。最近几年，这道工序不那么累了，因为我们弄了一套底部有孔的圆筒机器，机器架在大锅上通上电，把粉芡往锅里压，这样压出来的粉条更均匀，效率也更高。

下到锅里的粉条煮起来也需要技术，因为要不停地加水，让水温保持在 90℃上下。粉条出锅后必须用凉水冲，不然会不好晒，也不好看。凉水冲过的粉条要截成合适的长度盘起来，再挂起来晾晒，晒好的粉条可以存放很久。

我们村这个粉条加工团队一般有 6 个人，每天可以加工 2500 斤左右的粉条，一般从头一年 11 月忙到第二年 1 月中旬，我们一斤只挣 1 元左右的加工费，两个半月下来，每个人可以挣到 1 万元左右，这也是我们每年的重要收入之一。

相对于市场常见的用木薯粉或掺有食用胶做的粉条，纯红薯粉条一斤约 10 元的价格显得很高，这些年村里不少加工点都关门了，现在只剩下我们这一个。但纯红薯粉条更好吃、更健康，还是有不少老主顾喜爱，所以我们这个加工点生存得还不错，来我们这儿的老顾客不少都是加工了自家吃的。

粉条　马健 摄

市场上有些廉价粉条会冒充红薯粉条，我们一般称“假粉条”。其实，区分真假红薯粉条不难，主要是看粉条上有没有像大水滴一样的面疙瘩。假粉条中一般都含食用胶，加工中的粉芡不会有糊状，所以形不成这种面疙瘩。还有就是看粗细，即便用了简单机械辅助，真粉条的加工中仍做不到粗细很均匀，所以粉条出来有粗有细。

我们这里的红薯品类不一，有白薯、红薯，不管是哪个品种，营养都不差，用纯红薯做的粉条是富有营养的天然无公害食品。

这些年来，大家的饮食观念在悄然改变，更加注重绿色和健康，口味也更多地回归到传统，我们做的粉条更受欢迎，这让做了多年手工粉条的我们非常高兴，我们都希望黄店能把红薯粉条做成大产业，不仅给消费者带去健康和美味，更带去浓浓的年味。

# 黄店教育事业飞速发展

**口述：李志刚**

**整理：孙兵**

我叫李志刚，1976 高中毕业后作为民办教师来到绰王小学任教，此后的几十年中，我又在中牟七中、黄店乡中心学校工作并逐步走向管理岗位。2020 年 1 月，我正式退休。

44 年来从事教育事业的经历，让我见证了黄店教育事业的巨大发展。

20 世纪 70 年代末，黄店辖区的教学条件极为艰苦，例如当时我任教的绰王小学，就是借用绰王村一个庙里的房屋上课，后来在村民的帮助下，才为学校盖了瓦房。

房子盖好后，窗户上没有玻璃，冬天时，大家就用塑料布钉在窗户框上，风一刮呼呼作响，还经常把塑料布刮破。学校没有桌凳，校长就带领大家用黑泥和芦苇和在一起，堆成一个个土桌凳，或者用土坯、砖坯堆成两个土墩，中间架起来一个木板，当成桌子用。条件虽然艰苦，但老师们工作都很用心，学生们的学习积极性也很高。当时，每晚都要上晚自习，没有电灯，师生们就点煤油灯照明，后来换成汽灯，再后来才慢慢有了电灯。

80 年代，国家对中小学实行“六配套”政策，旨在改变学校的硬件设施，乡政府和各村也高度重视并给予大力支持，房屋、桌凳等方面的困难很快得到了解决，辖区中小学校的硬件设施得到了较大改善。

打车李小学体育课　马健 摄

到90年代的时候，实行的办学模式是“三级办学”，即县办高中、乡办初中、村办小学。当时黄店乡逐渐掀起集资办学的热潮，全乡最早集资办学的村是打车李村，1990年打车李小学两层教学楼建成，成为黄店乡第一栋教学楼。随后，黄店中心小学、后杜小学、武张小学、侯庄小学、袁家小学、大路张小学、八李小学、福和希望小学、宝光寺小学、油坊王小学、八府赵小学等纷纷集资建成教学楼。

我在黄店乡中心中学（原中牟七中）担任校长时，在乡政府的帮助下，集资建了一所两层教学楼，1992年秋季开学正式启用。后来，黄店乡中心中学改名为黄店镇第一初级中学。

2011年开始，黄店镇先后启动四个公办幼儿园的建设项目，分别是黄店中心幼儿园、打车李幼儿园、李村幼儿园、袁家幼儿园，这些都是按照标准幼儿园来设计建造的，活动室、厕所都是在室内，内部的饮水设备、空调以及学具等都是政府按照标准配齐的。2013年以后，黄店镇又将打车李小学、黄店中心小学改建为寄宿制学校，全镇的办学条件有了很大改善。

和校舍一起改变的是学校的师资力量。现在，黄店镇的教师队伍基本都是大专以上学历，其中本科学历的老师占了很大一部分。老师们上岗前都会有专业的培训，以提升教师队伍的整体素质。俗话说：名师出高徒，师资力量的不断加强也为培养出更优秀的学生打下了良好基础。

十年树木，百年树人。教育是一个地区发展的百年大计，希望在不远的未来，黄店镇的教育事业能更上一层楼。

# 一个省级贫困村的蝶变

口述：武松强

整理：盛俊红

我叫武松强，曾任黄店镇武家村党支部书记，也是这个曾经的省级贫困村脱贫致富工作的参与者和见证者。

我是土生土长的武家村人，从小在武家村长大，我们村原先是个贫穷的小村庄，晴天尘土飞扬、雨天两脚湿泥，村民住着老房子、过着穷日子。2013 年，我们村被识别为省级贫困村，短短的两三年时间里，我们认真落实党的“精准扶贫”政策，抓住大好发展机遇，到 2015 年，村子实现了美丽蜕变，不仅如期脱贫，而且村民携手奋进奔小康，逐步走向富裕路。

草莓大棚　马健 摄

发展产业是实现脱贫的根本之策。我和村支两委班子成员按照“4+2”工作法，不断探索适合我们村的产业发展项目。村里采用支部引领、党员带头的方式，进行农业种植结构调整，将草莓、礼品西瓜、蔬菜种植作为我们村的主要经济来源。特别是近两年，在村集体温室大棚产业的示范下，村民积极性很高。我们多次邀请农业科技专家到村里开展义务培训，讲解怎么调整农业结构、怎么种植绿色无公害的农产品，手把手地教村民怎么做好大蒜、草莓、西瓜、小麦的田间管理，专家和村民交流互动气氛热烈，效果很好。村民发展大棚“草莓 + 礼品西瓜”的模式，每亩大棚年纯收入达 3 万元以上，大棚种植规模也由 2017 年的十几座发展到现在的 300 多座，光这一项就让村民人均多收入 1 万多元。村里还成立了农业专业合作社，注册了“武家村”商标，在微信、淘宝等电商平台进行了认证，努力打造武家村农村产业新模式。

2018 年 5 月，在上级政府的支持下，我们村拉开了基础设施和公共服务建设的序幕。全面硬化了村里的主次干道，铺设了路沿石，新修了田间生产道路，开挖了雨水沟，方便了村民日常出行和生产生活。村里建成了 260 平方米的标准化村室，办公设施配备齐全。文化活动中心也建起来，还有有文化广场、舞台、图书室、文娱室、阅览室、健身器材等，满足了村民的文化生活需求。现在，村里不仅通了县域公交车和自来水，还有了标准化卫生室，宽带、有线电视也实现了全覆盖。

2019 年开始，我们开展了“净化、硬化、绿化、美化、文化”工作，营造清洁、优美、和谐、幸福的人居环境。推进“厕所革命”，设置秸秆集中放置点，全面禁烧捍卫蓝天，实行“路长制”，生活垃圾日产日清日处理。我们还平整土地，对村庄进行合理规划，在每条街都栽上了绿化树，让村子里的一花一草、一树一木都充满生机。在改善环境过程中，我们对村民的房屋不大拆大建，只是对围墙和院子进行美化、绿化，房前屋后种上象征吉祥、福气的桂花树、石榴树等树木以及各种花花草草。我们还因地制宜地开辟了小花园，增设茶余饭后的活动场所，让邻居之间缩短了距离，更融洽和谐。在临街的墙上进行了彩绘，图文并茂，党建知识和孝老敬亲等正能量内容随处可见。

针对村民对平安建设的新要求、新期待，村内安装了监控摄像头，为村民的安居乐业保驾护航，还安装了太阳能环保电板路灯，绿色无污染，村民夜间出行更加安全。如今，一个生活设施功能齐备、又充满浓浓乡村味道的新武家正向我们走来。

# 参考文献


[1] 中牟县地方志编纂委员会 . 中牟县志 . 北京：三联书店，1999.

[2] 中牟县地方志编纂委员会 . 中牟县志 . 郑州：中州古籍出版社，2006.

[3] 中牟县地名办公室 . 河南省中牟县地名志 . 西安：三秦出版社，1992.

[4] 杨育彬，袁广阔 . 20 世纪河南考古发现与研究 . 郑州：中州古籍出版社，1997.

[5] 郑州市文物考古研究所 . 郑州文物考古与研究（三）. 北京：科学出版社，2016.

[6] 中国科学院自然科学史研究所 . 中国古代建筑技术史 . 北京：科学出版社，1985.

[7] 郑州市历史文化丛书编纂委员会 . 郑州市文物志 . 郑州：河南人民出版社，1999.

[8] 郑州市地方史志编纂委员会 . 郑州市志 . 郑州：中州古籍出版社，1998.

[9] 河南文物管理局 . 河南省文物志 . 郑州：中州古籍出版社，1995.

[10] 中牟县地方志办公室 . 中牟年鉴 2009. 郑州：中州古籍出版社，2009.

[11] 中牟县地方志办公室 . 中牟年鉴 2012. 北京：方志出版社，2013.

[12] 中牟县地方志办公室 . 中牟年鉴 2013. 郑州：中州古籍出版社，2013.

[13] 中牟县地方志办公室 . 中牟年鉴 2014. 郑州：中州古籍出版社，2015.

[14] 中牟县地方志办公室 . 中牟年鉴 2015. 郑州：中州古籍出版社，2016.

[15] 中牟县地方志办公室 . 中牟年鉴 2016. 郑州：中州古籍出版社，2017.

[16] 中牟县地方志办公室 . 中牟年鉴 2017. 郑州：中州古籍出版社，2018.

[17] 中牟县地方志办公室 . 中牟年鉴 2018. 郑州：中州古籍出版社，2018.

[18] 张朝晖 . 中牟邑记 . 郑州：河南大学出版社，2021.

黄店镇一瞥　马健 摄

林场　马健 摄

刁黄路　马健　摄

耕地　马健 摄

黄店田野之二　马健 摄

黄店田野之三　马健 摄

# 编纂始末

根据中国地方志指导小组办公室《关于启动〈中国名镇志丛书〉编纂工程的通知》和《中国名镇志文化工程实施方案》部署，开发利用地方志文化资源，传承乡土历史文化，保存乡土文化记忆，充分发挥地方志“资政、教化、存史”功能，按照郑州市地方史志办的安排要求，《黄店镇志》编纂工作于2020年12月启动，成立了黄店镇志编纂委员会，组建了编纂团队，全面展开前期工作。

《黄店镇志》编纂之始，编纂团队立足于展现黄店镇发展特点和独有价值，统合古今，详今略古，对中华人民共和国成立以后，特别是中共十一届三中全会以来所发生的重要史实进行重点记述，深入挖掘黄店镇厚重的历史文化传统、锐意进取的发展历程、改革创新的人文精神。

《黄店镇志》从镇情特点出发，突出镇域特色和重要史实，在篇目设置上力图有所创新，在语言上努力追求朴实、严谨、简洁、流畅，增加可读性。

《黄店镇志》坚持生不立传的原则，因此，有一批曾为黄店镇政治、经济、社会、文化发展做出过诸多贡献的贤达俊杰未能入选本志，在此我们深表歉意。

在决胜全面建成小康社会的今天，在新时代、新思想的指引下，编写《黄店镇志》是当代黄店人民政治、文化生活中的一件大事，是为传承名镇文脉，抢救和保存名镇历史资料，并展示其基本发展面貌而做出的一项开拓性文化建设工程。黄店镇党委、镇政府十分重视镇志的编纂工作，镇主要领导多次对镇志编写提出要求，审核提纲。镇分管领导协调各领域、各部门、各村合力支持镇志编写工作，镇属各部门及相关单位积极提供资料。镇文化站站长郝世杰、镇党政办副主任段应珍等同志具体负责收集整理资料。郑州市史志办朱军及县档案馆冉宁等领导多次现场指导编纂工作，提出了宝贵意见；感谢王海萍、马健、段双奇、李新华、刘林杰等提供的精美插图，在此谨向为本书付出辛勤劳动的所有人士致以衷心的感谢！

因本书中所选照片及文章众多，部分作品未能在出版前及时联系到著作权人，请著作权人看到后与我们联系，我们将奉上稿酬。

因编者水平有限，加之时间仓促，其错误和疏漏的地方在所难免，敬请社会各界人士和专家学者批评指正。

《黄店镇志》编纂委员会

2022 年 11 月